Das kleine Buch des Optionshandels

David Berns, Michael Green

DAVID BERNS
MICHAEL GREEN

DAS KLEINE BUCH DES OPTIONSHANDELS

STILLHALTERGESCHÄFTE FÜR EINSTEIGER UND FORTGESCHRITTENE

Börsenbuchverlag

Die Originalausgabe erschien unter dem Titel
The Little Book of Trading Options Like the Pros: Learn How to Become the House
ISBN 978-1-3942-3895-8

Cover Design: Paul McCarthy
This translation published under licence with the original publisher
John Wiley & Sons, Inc.

Übersetzung: Börsenmedien AG
Coveridee: Paul McCarthy
Covergestaltung: Holger Schiffelholz
Gestaltung, Satz und Herstellung: Timo Boethelt
Lektorat: Sabine Runge
Korrektorat: Sebastian Politz
Druck: CPI books GmbH, Leck, Germany

ISBN 978-3-86470-974-6

Bibliografische Information der Deutschen Nationalbibliothek:
Die Deutsche Nationalbibliothek verzeichnet diese Publikation in der
Deutschen Nationalbibliografie; detaillierte bibliografische Daten
sind im Internet über <http://dnb.d-nb.de> abrufbar.

BÖRSEN MEDIEN
AKTIENGESELLSCHAFT

Postfach 1449 • 95305 Kulmbach
Tel: +49 9221 9051-0 • Fax: +49 9221 9051-4444
E-Mail: info@plassen-buchverlage.de
www.boersenbuchverlag.de
www.facebook.com/plassenverlag
www.instagram.com/plassen_buchverlage

Für meine Carolee und Henry,
die uns alle verzaubern.
DB

Für Jennifer, Ryan, Ella und Gavin.
Die Reise war die Belohnung.
MG

Inhalt

VORWORT

Der private Optionshandel hat in den letzten Jahren explosionsartig an Beliebtheit gewonnen. Optionen sind jedoch ein komplexes Thema und der Handel mit ihnen kann schnell zu extremen Verlusten führen. Das Ziel dieses Buchs ist es, Einsteigern zu zeigen, wie sie schnell von naiven Strategien mit hoher Verlustwahrscheinlichkeit zu einer Gewinnstrategie wechseln können, die von professionellen Optionshändlern angewendet wird. Nach einem kurzen Überblick über das Ökosystem der Optionen und deren Grundlagen verwenden wir den Großteil des Buchs darauf, eine bewährte Optionshandelsstrategie vorzustellen. Diese Strategie bildet einen standardmäßigen Trade aus der professionellen Welt der Hedgefonds und Marketmaker ab und wir zeigen Ihnen, wie Sie diese Strategie bei sich zu Hause anwenden können. Wir haben uns außerdem entschlossen, die Leser dieses Buchs über den reinen Text hinaus zu unterstützen, indem wir ihnen den hier vorgestellten Optionen-Screener unter www.tradingoptionslikethepros.com kostenlos zur Verfügung stellen.

Dieses Buch richtet sich an Leser, die keine Finanzprofis sind. Um es für alle zugänglich zu machen, haben wir auf höhere Mathematik verzichtet. Für diejenigen, die etwas tiefer in die Materie einsteigen wollen, haben wir ein paar Abschnitte für Fortgeschrittene eingefügt, die aber keine Pflichtlektüre sind und die Sie ruhig überspringen können, wenn Sie es nicht zu kompliziert haben wollen.

Fassen wir nun kurz zusammen, worum es in den einzelnen Kapiteln geht.

Kapitel 1. Handel mit Optionen: Verlockung vs. Realität. Wir analysieren den jüngsten Boom des privaten Optionshandels, der durch den einfachen Zugang zum Handel und ein ausgedehntes Ökosystem für Amateurtrader in den sozialen Medien begünstigt wird. Anschließend erläutern wir, wie die Kombination aus menschlicher Verlustaversion und der Überschätzung von Ereignissen mit geringer Wahrscheinlichkeit dazu führt, dass unerfahrene Trader billige Optionen kaufen. Wir zeigen, dass die meisten billigen Optionen wertlos verfallen, sodass Amateurtrader zwangsläufig schlechte Ergebnisse erzielen. Dieser Sachverhalt legt den Grundstein für die erfolgreiche Optionsstrategie, die wir in diesem Buch behandeln werden: den Verkauf billiger Optionen mit kleinen, aber beständigen Gewinnen.

Kapitel 2. Der einfache Optionsleitfaden. Wir beginnen mit einem Überblick über die wesentlichen Merkmale einer Option: Calls (Kaufoptionen) und Puts (Verkaufsoptionen), Basiswert, Ausübungspreis und Verfall. Dann untersuchen wir die grundlegende Auszahlungsstruktur einer Option in Abhängigkeit vom Preis des Basiswerts bei Verfall des Kontrakts. Wir bringen den Zeitfaktor in die Gleichung ein und zeigen, wie sich der Wert eines Optionskontrakts bis zum Verfall entwickelt, was uns dazu zwingt, Optionspreise in innere und äußere Wertkomponenten zu unterteilen. Im letzten Teil unseres Leitfadens erfahren die Leser, wie man Spreads, bei denen Optionen gleichzeitig gekauft und verkauft werden, festlegt. Abschließend führen wir durch eine Reihe von Beispielen aus der Praxis, um bei den Lesern das für den Rest des Buchs benötigte Grundwissen zu festigen.

Kapitel 3. Zum Haus werden. In diesem Kapitel verlagern wir den Schwerpunkt vom grundlegenden Verständnis von Optionen auf die strategische Anwendung und erläutern insbesondere die Vorteile des

Verkaufs von Optionen gegenüber ihrem Kauf. Das Kapitel beginnt mit einem Überblick über das Ökosystem der Optionen, der über die in Kapitel 1 erwähnten Einsteiger hinausgeht. Dabei werden die Nachfrage sowohl von privaten als auch professionellen Anlegern nach verschiedenen Arten von Optionen erläutert und Möglichkeiten für Optionsverkäufer in verschiedenen Marktsegmenten vorgestellt. Anschließend untersuchen wir, inwiefern Optionsverkäufer in drei verschiedenen Geschäftsmodellen als „das Haus" fungieren können: als ein Casino, eine Versicherungsgesellschaft und eine Bank. Anhand dieser Analogie wird veranschaulicht, wie der Verkauf von Optionen mit diesen Geschäftsmodellen, die jeweils ihr eigenes Risiko-Ertrags-Profil aufweisen, verglichen werden kann.

Als Schwerpunkt des Kapitels wird dann unsere Kernstrategie vorgestellt: der Verkauf von SPY Put Spreads. Wir erkunden, warum diese Strategie vorteilhaft ist, und stützen uns dabei auf empirische Daten, die eine gute Profitabilität, hohe Gewinnraten und begrenzte Verluste belegen. Die Gründe für die konkrete Auswahl der Ausübungspreise und des 2-wöchigen Verfallszeitzeitraums werden im Detail erläutert, wobei das Ziel der Maximierung der Renditen bei gleichzeitiger Minimierung der Risiken und der operativen Herausforderungen berücksichtigt wird. Abschließend werden anhand einer Reihe von Beispielen und empirischen Daten reale Anwendungen der Strategie aufgezeigt und damit die Grundlage für fortgeschrittenere Konzepte und Strategien in den nachfolgenden Kapiteln gelegt.

Kapitel 4. Risikomanagement. Wir steigen tiefer in die Verbesserung unserer Kernstrategie des Verkaufs von SPY Put Spreads ein und konzentrieren uns dabei auf die Optimierung der Risikomanagement-Techniken. Das Kapitel unterstreicht die Bedeutung des Setzens von Stop-Losses und hebt deren Rolle bei der deutlichen Reduzierung mittlerer Verluste hervor, ohne die Gesamtrenditen zu beeinträchtigen. Wir empfehlen für die jeweiligen SPY Put Spreads einen At the money (ATM; am Geld) Stop-Loss und stellen das Konzept des „Herunter- und

Wegrollens von Optionen“ nach einem ATM-Stop-Loss-Auslöser vor. Mit diesem Ansatz werden die Wahrscheinlichkeiten zugunsten des Traders verschoben, wobei ein optimaler Rollzeitraum bei mehr als zehn Tagen vor dem Verfall liegt. In diesem Kapitel erfolgt eine Abwägung zwischen der Diskussion über Stop-Losses und der Untersuchung von Gewinnmitnahmestrategien sowie deren Auswirkungen auf die Performance unserer Kernstrategie. Im Gegensatz zu Stop-Losses verringern frühzeitige Gewinnmitnahmen die Gesamtrenditen und erhöhen einige Risiken.

Kapitel 5. Aufbau eines Portfolios. Bis zu diesem Punkt haben wir uns auf einen einzigen Trade konzentriert, den 2-wöchigen Out of the money (OTM; aus dem Geld) SPY Put Spread. In Kapitel 5 erweitern wir das Spektrum um zusätzliche Basiswerte und beziehen auch Call Spreads mit ein. Wir entwickeln robustere Trading-Strategien, indem wir eine breitere Palette von Optionen handeln, die Portfolios diversifizieren und die Risiken senken. Wir zeigen auch, dass die Optionsprämien im Zeitverlauf dramatisch schwanken und dies die Ergebnisse Ihrer Trading-Strategie erheblich beeinflussen kann. Daher kann die Bereitschaft, über mehrere Basiswerte hinweg zu verkaufen, dazu beitragen, beständigere Erträge zu erzielen.

Anschließend konzentrieren wir uns auf unseren bevorzugten Ansatz für den Aufbau eines Portfolios von Options Spreads. Unser „vernünftiges“ Portfolio diversifiziert unseren SPY-Haupttrade in andere Basiswerte mit einer geringen Wahrscheinlichkeit eines gleichzeitigen Maximalverlusts. Wir ziehen anspruchsvollere Optimierungsmuster in Betracht, um ein Gespür für die Funktionsweise eines Optimierers zu entwickeln, betonen aber auch die Risiken starrer Regeln aufgrund der sich schnell entwickelnden Märkte und ihrer „In sample“-Natur (innerhalb der Stichprobe).

Kapitel 6. Von der Theorie zur Praxis. An diesem Punkt werden Sie über das theoretische und empirische Wissen verfügen, das Sie benötigen, um Optionen auf intelligente Weise zu verkaufen. Nun ist es an der Zeit zu lernen, wie diese Konzepte in der Praxis umgesetzt werden können, um Sie auf eine hoffentlich unterhaltsame und lukrative Trading-Reise zu schicken. Das Kapitel beginnt mit einem Überblick über den Prozess der Trade-Auswahl in Echtzeit, das wichtigste Tool für die Auswahl konkreter Spreads zum Verkauf in Ihrem Portfolio. Anschließend führen wir den Leser durch den gesamten Trading-Ablauf, um eine effektive Trade-Ausführung zu gewährleisten. Außerdem beschreiben wir, wie unserer Meinung nach die ersten sechs Monate dieser neuen Reise aussehen sollten: eine maßvolle Steigerung der Komplexität und des Risikos, um sicherzustellen, dass alle Grundlagen der Strategie gut ausgearbeitet sind, bevor große Summen eingesetzt und komplexe Trades ausgeführt werden. Abschließend sprechen wir über menschliche Neigungen, die Sie als Stratege nicht ignorieren dürfen, insbesondere Bestätigungsfehler, verzerrte Wahrnehmung der Aktualität und Selbstüberschätzung.

DANKSAGUNG

Zuallererst bedanken wir uns bei unseren wunderbaren Familien, die uns beim Schreiben dieses Buchs und darüber hinaus bei der Verwirklichung unserer beruflichen Träume unterstützt haben. Wir danken auch dem gesamten Team von Simplify Asset Management für die Möglichkeit, einige unserer wichtigsten Tools und Erkenntnisse mit der breiteren Optionshandelsgemeinschaft zu teilen, insbesondere mit denjenigen, die neu auf diesem Gebiet sind. Unser besonderer Dank gilt Emilio Freire, der alle im Buch besprochenen Strategien und Tools programmiert hat und uns damit die Arbeit als Autoren außerordentlich erleichtert hat. Wir sind auch John Downing überaus dankbar, dessen unglaubliche Kenntnisse über den Optionshandel die Ideen in diesem Buch maßgeblich geprägt haben. Ein weiterer Dank geht an David Jackson, Larry Kim, Eric McArdle, Olga Huxoll und Pat Hennessy für ihr äußerst wertvolles Feedback und ihre großartige Hilfe bei der Erstellung des endgültigen Manuskripts. Und schließlich danken wir Bill Falloon und dem übrigen Wiley-Team für die freundliche Unterstützung und Ermutigung auf dem gesamten Weg.

1

HANDEL MIT OPTIONEN: VERLOCKUNG VS. REALITÄT

In den letzten Jahren haben die Verlockungen des Optionshandels die Fantasie von Millionen neuer Anleger angeregt. Geschichten über lebensverändernde Summen, die über Nacht verdient wurden, haben dazu beigetragen, dass der Optionshandel heute als Weg zu sofortigem Reichtum angesehen wird. Doch die Realität ist weit weniger rosig. In diesem Kapitel räumen wir mit dem populär gewordenen romantischen Bild des Optionshandels auf und zeigen aus der Sicht eines Profis, wie erfolgreicher Optionshandel aussieht.

Wichtigste Erkenntnisse:

1. Der einfache Zugang zu Trading-Plattformen und Online-Trading-Gemeinschaften hat zu einem Boom des privaten Optionshandels geführt.
2. Amateur-Optionshändler bevorzugen den Kauf billiger Call-Optionen aufgrund von zwei natürlichen menschlichen Neigungen: Aversion gegen extreme Verluste und Überschätzung von Ereignissen mit geringer Wahrscheinlichkeit.
3. Diese billigen Optionen verfallen fast immer wertlos und verursachen einen Gegenwind, dem selbst die erfahrensten Anleger nur schwer standhalten können.

4. Der professionelle Weg zum erfolgreichen Optionshandel führt über den Verkauf von Optionen mit kleinen, aber beständigen Gewinnen.

Die Explosion des privaten Optionshandels

Werfen wir einen Blick in die Vergangenheit, in das Jahr 1990: Um damals ein Brokerkonto für den Handel mit Optionen zu eröffnen, mussten Sie ein Brokerbüro persönlich aufsuchen. Ein gut gekleideter Herr (es waren fast immer Männer) überreichte Ihnen einen mehrere Seiten langen Antrag, den Sie von Hand ausfüllen mussten. In diesem Formular wurden Angaben zur Person, zu den finanziellen Verhältnissen, zur Anlageerfahrung und zum Verständnis der mit dem Optionshandel verbundenen Risiken abgefragt.

In jener Zeit achteten die Broker besonders streng darauf, dass Sie die Produkte, mit denen Sie handeln wollten, auch verstanden. Voraussichtlich hätte man Ihnen einen Fragebogen vorgelegt, in dem Sie ein gewisses Maß an Wissen über Optionen, Optionsstrategien, die damit verbundenen Risiken und die Finanzmärkte im Allgemeinen nachweisen mussten.

Angesichts der mit dem Optionshandel verbundenen Risiken verlangten die Broker auch einen Nachweis über Ihre finanzielle Situation, einschließlich Ihres Nettovermögens, Ihrer liquiden Mittel, Ihres Einkommens und Ihrer Anlageziele. Diese Informationen wurden ausgewertet, um festzustellen, ob der Optionshandel für Sie geeignet war und in welchem Umfang Sie am Optionshandel teilnehmen durften.

Nach Einreichung Ihres Antrags dauerte das Zulassungsverfahren wahrscheinlich mehrere Tage oder sogar Wochen. Im Gegensatz zu den heutigen fast sofortigen Online-Zulassungen wurde Ihr Antrag von einem Team des Brokerunternehmens geprüft. Es gab keine Garantie für eine Zulassung – oder einen Erfolg versprechenden Einspruch im Falle einer Ablehnung.

Auch nach der Zulassung war der Handel mit Optionen damals ein brokergestützter Prozess. Sie platzierten Ihre Aufträge per Telefon, indem Sie direkt mit einem Broker sprachen, der die Aufträge in Ihrem Namen ausführte. Dieser Prozess war nicht annähernd so unmittelbar wie das Klicken auf eine Schaltfläche auf einer Trading-Plattform. In Zeiten hoher Marktvolatilität konnte er stressig und zeitraubend sein. Außerdem war er teuer. Die Optionsprovisionen umfassten oft eine Grundprovision pro Trade von 30 bis 50 Dollar (inflationsbereinigt heute über 100 Dollar) und eine „Pro Kontrakt"-Gebühr von zwei Dollar. Die Gesamtprovision für einen 100-Dollar-Trade konnte leicht 50 Dollar übersteigen, was kleine Trader abschreckte und den Kauf von Optionen mit längeren Laufzeiten begünstigte.

Heutzutage ist der Zugang zum Optionshandel dagegen völlig anders. Man kann innerhalb von Minuten ein Optionshandelskonto eröffnen, ohne dass man über ein bestimmtes Nettovermögen oder Anlageerfahrung verfügen muss. Brokerhäuser werben aggressiv um Optionshändler, sie haben die Provisionen für Optionen gesenkt (in vielen Fällen auf null) und die Eröffnung von Margin-Konten (Einschusskonten) einfacher denn je gemacht.

Abbildung 1.1 stammt aus einer aktuellen Studie über den Erfolg von privaten Optionshändlern (de Silva, So und Smith, 2023) und zeigt den jüngsten Boom des privaten Optionshandels. Die Daten wurden ausschließlich an Nasdaq-Börsen ermittelt (es hat sich als ziemlich schwierig erwiesen, an Daten heranzukommen, die explizit den privaten Optionshandel betreffen), aber sie dürften repräsentativ für den Boom des Privathandels an allen Optionsbörsen sein.

Die sozialen Medien spielen bei diesem Boom des privaten Optionshandels eine große Rolle, denn jeder, der über einen Internetanschluss verfügt, kann für sich in Anspruch nehmen, ein Guru des Optionshandels zu sein. Auf Online-Plattformen wimmelt es von Personen, die mit astronomischen Trading-Gewinnen prahlen und Screenshots ihrer sechsstelligen Konten präsentieren. Es ist jedoch wichtig, sich bewusst

Abbildung 1.1 Volumen des privaten Optionshandels am Optionsmarkt der Nasdaq und an der Nasdaq PHLX

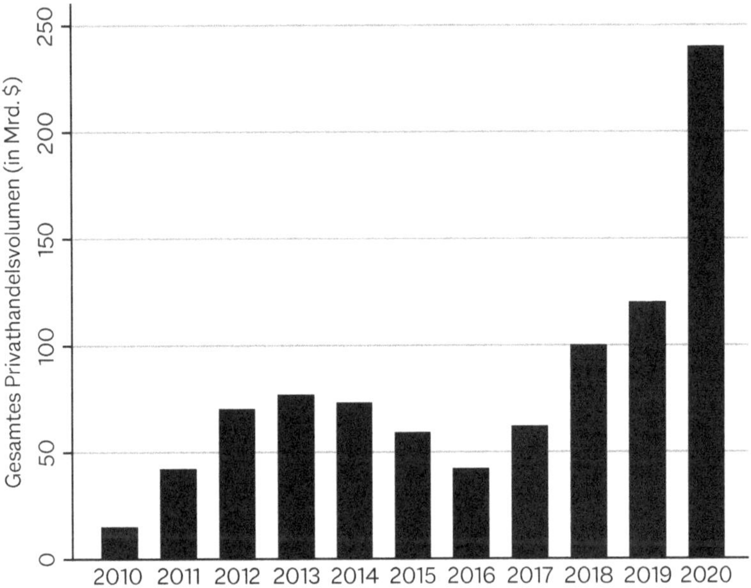

zu machen, dass diese Momentaufnahmen nicht auf dauerhaften Erfolg hindeuten, sondern oft das Ergebnis hochriskanter Strategien sind, die genauso gut zu katastrophalen Verlusten hätten führen können.

Ein leuchtendes Beispiel für den Einfluss sozialer Medien war der Meme-Aktien-Wahn von 2020 bis 2021. Meme-Aktien sind Aktien, die durch Social-Media-Plattformen und Online-Foren wie Reddit, insbesondere das Subreddit r/wallstreetbets, schnell an Popularität gewannen. Paradebeispiele für solche Aktien waren GameStop (GME) und AMC Entertainment (AMC).

Aufgrund ihrer schlechten Fundamentaldaten hatten Hedgefonds und andere professionelle Anleger viele dieser Aktien stark geshortet. Beim Shorten (Leerverkauf) werden Aktien von anderen Anlegern geliehen und anschließend in der Hoffnung verkauft, sie in der Zukunft zu niedrigeren Kursen zurückzukaufen. Wenn die Aktien eines Unternehmens stark geshortet wurden, bedeutet dies, dass es schwierig sein kann, Aktien zu finden, die man leihen oder kaufen kann. Im Bewusstsein, dass ein kollektives Vorgehen zu einem „Short-Squeeze" (Angebotsknappheit nach einem Leerverkauf) führen könnte, bei dem die professionellen Anleger aufgrund von Risikolimits ihre Positionen überstürzt zurückkaufen müssten, schlossen sich Gruppen von Privatanlegern mithilfe von Social-Media-Plattformen zusammen, um diese Aktien mit der Aussicht auf steigende Kurse zu kaufen (long zu gehen) und einen Squeeze der Short-Positionen der professionellen Anleger zu erzwingen.

Andere Privatanleger, die sich zu Hause langweilten und auf ihren Covid-19-Unterstützungszahlungen saßen, strömten massenhaft in den Markt. Diese neuen Anleger konzentrierten sich auf Optionen, da diese im Vergleich zum direkten Kauf von Aktien niedrigere Einstiegskosten und ein begrenztes (oder „gedeckeltes") Verlustpotenzial aufweisen. Optionen können zudem eine beträchtliche Hebelwirkung entfalten, da die Trader mit einem relativ geringen Kapitaleinsatz eine große Anzahl von Aktien kontrollieren können. Steigt der Aktienkurs, können Call-Optionen rasch an Wert gewinnen, was wiederum zu erheblichen Gewinnen führen kann.

Dieses Vorgehen brachte den ersten Privatanlegern Gewinne ein und versetzte mehreren Hedgefonds schwere Schläge. Nachdem die Hedgefonds erkannt hatten, dass sich die Positionen gegen sie entwickelten, versuchten sie zunächst, ihre Short-Positionen zu erhöhen, da sie eine Gewinnchance witterten. Als die privaten Optionskäufer in den Markt drängten, führte der Absicherungsbedarf der Marketmaker, die diese Optionen verkauften, zu einem verstärkten Kauf der Basiswerte. Mit steigenden Aktienkursen begannen weitere Käufer in Form von passiven Indexfonds zu kaufen. GameStop zum Beispiel wurde kurzzeitig zum größten Wert im Russell 2000 Index. Nachdem der US-Finanzdienstleister Vanguard in der Panik des Frühjahrs 2020 rund 18 Millionen Aktien zu einem Durchschnittspreis von etwa 1,00 Dollar verkauft hatte, kaufte er in den folgenden Quartalen knapp vier Millionen Aktien zu einem

Durchschnittspreis von 41,00 Dollar pro Aktie. Als der Kurs stieg und sich Gerüchte über eine Krise verbreiteten, stürzten sich auch andere professionelle Anleger ins Getümmel und kauften weitere Aktien.

Bedauerlicherweise waren die meisten Privatanleger weder mit Optionen noch mit Fundamentaldaten vertraut und erlitten Verluste, als professionelle Trader auf den Plan traten. Auch Jahre später finden sich auf Twitter und anderen Social-Media-Websites noch Berichte über die schmerzhaften Nachwirkungen dieser Erlebnisse.

Die natürlichen Neigungen neuer Trader

Trotz der Fülle an Informationen, die durch das Internet zur Verfügung steht, erschließen sich Privatanleger den Markt in der Regel mit einem nur oberflächlichen Verständnis von Optionen. Ihre Herangehensweise beruht naturgemäß weniger auf Wissen als auf Intuition, die leicht von bestimmten Verhaltensmustern beeinflusst wird. Lassen Sie uns die beiden wichtigsten Verhaltensfaktoren, die Einfluss auf den privaten Optionshandel haben, erläutern, damit wir letztendlich ein besseres Trading-System für Anfänger im Optionshandel entwickeln können.

- Verlustaversion
  Die menschliche Neigung, katastrophale Verluste zu vermeiden, ist eine unserer wichtigsten evolutionären Eigenschaften. Bei jeder ernsthaften Entscheidung vermeiden wir erhebliche Risiken und konzentrieren uns darauf, unseren Untergang zu verhindern.

  Beim Optionshandel kann ein katastrophaler Verlust nur eintreten, wenn wir Optionen verkaufen. Wenn wir hingegen Optionen kaufen, ist unser maximaler Verlust festgelegt. In Kapitel 2 werden wir uns Auszahlungsdiagramme ansehen, um dies zu demonstrieren.

  Außerdem führt unsere Verlustaversion dazu, dass wir preisgünstige Optionen gegenüber teureren bevorzugen.

- Überschätzung der Wahrscheinlichkeit großer Ereignisse
  Menschen neigen nachweislich dazu, die Wahrscheinlichkeit des Eintretens extremer Ereignisse zu überschätzen (Gonzalez und Wu, 1999). Die überhöhte Erwartung von Ereignissen mit geringer Wahrscheinlichkeit, die sich erheblich auf die Preise auswirken kann – wie zum Beispiel der drastische Anstieg des Aktienkurses eines Unternehmens aufgrund eines positiven Erfolgsberichts oder eines bahnbrechenden neuen Produkts –, veranlasst Trader zum Kauf billiger Optionen, die wahrscheinlich nicht profitabel ausgeübt werden können.

Abbildung 1.2 Menschliche Wahrnehmung der Wahrscheinlichkeit auf verschiedenen Ebenen der bekannten Wahrscheinlichkeit

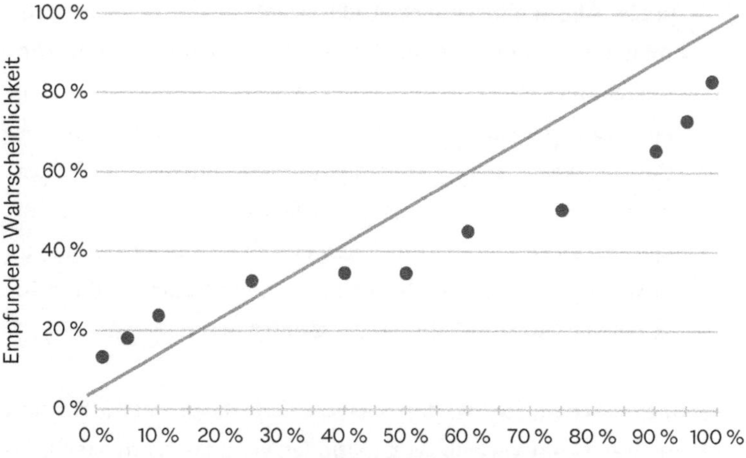

Abbildung 1.2 zeigt empirische Daten über die empfundene Wahrscheinlichkeit (y-Achse), die Menschen mit Ereignissen von bekannter Wahrscheinlichkeit (x-Achse) assoziieren, wie sie von mehreren renommierten Wissenschaftlerteams, darunter die Begründer der Prospect-Theorie, Daniel Kahneman

und Amos Tversky, dokumentiert wurden. Wenn Menschen die Wahrscheinlichkeit eines Ereignisses richtig einschätzen könnten, würden ihre Vermutungen der durchgezogenen Linie entsprechen: eine perfekte Übereinstimmung zwischen empfundenen und tatsächlichen Wahrscheinlichkeiten. Stattdessen zeigt sich, dass Menschen die Wahrscheinlichkeiten von Ereignissen mit geringer Wahrscheinlichkeit durchweg überschätzen (Punkte oberhalb der durchgezogenen Linie) und die Wahrscheinlichkeit von sehr wahrscheinlichen Ereignissen unterschätzen (Punkte unterhalb der durchgezogenen Linie).

Betrachtet man zum Beispiel Ereignisse mit einer bekannten Eintrittswahrscheinlichkeit von zehn Prozent, so stellt man fest, dass Menschen die Wahrscheinlichkeit eines solchen Ereignisses im Allgemeinen mit etwa 24 Prozent einschätzen. Und wenn man auf der horizontalen Achse weiter nach links geht, wird die relative Überschätzung immer gravierender. Ereignisse mit einer Eintrittswahrscheinlichkeit von einem Prozent werden in der Regel mit einer Wahrscheinlichkeit von etwa 13 Prozent eingeschätzt, was einer satten 13-fachen Überschätzung entspricht. Es ist diese Art der gravierenden Überschätzung von Wahrscheinlichkeiten, die Tradern, die sich nur auf ihren Instinkt verlassen, tatsächlich das Genick brechen kann.

Zusammenfassend halten wir fest, dass die Verlustaversion Trader zum Kauf (und nicht zum Verkauf) von Optionen veranlasst, um das Risiko eines unbekannten Verlusts zu vermeiden, und natürlich ist es umso besser, je geringer das Risiko ist; billige Optionen kommen dieser Neigung entgegen. Hinzu kommt die Überschätzung von Ereignissen mit geringer Wahrscheinlichkeit (zum Beispiel ein Marktcrash oder ein massiver Gewinnsprung). Dies sind Situationen, in denen die billigsten Optionen wahrscheinlich am effektivsten sind, was den Trader wiederum dazu veranlasst, die billigsten Optionen zu kaufen.

Wenn Ihnen diese Kombination von Neigungen nicht nachvollziehbar erscheint, sollten Sie sich im Laden um die Ecke nach den neuesten Lotteriezahlen erkundigen. Billige Optionen bieten ein ähnliches Profil wie Lotterielose, nur dass die Ergebnisse nicht wirklich zufällig sind und die Chancen auf eine Auszahlung nicht annähernd 300 Millionen zu 1 betragen.

Die bereits erwähnten Social-Media-Accounts mit Berichten über riesige Gewinne gießen zusätzlich Öl ins Feuer, indem sie neue Trader zu der Überzeugung verleiten, dass diese billigen Trades mit hohen Auszahlungen bei nur wenigen Versuchen profitabel sein können.

Die Amateurfalle

Der Grund, warum der Kauf von billigen Optionen eine so schlechte Idee ist, liegt darin, dass die meisten von ihnen wertlos verfallen. Um zu verstehen, warum dies so ist, hilft es, sich daran zu erinnern, dass Optionen Finanzinstrumente mit einem Verfallstag sind. Der Kauf einer Option ist wie eine Wette darauf, dass ein bestimmtes Ereignis innerhalb eines bestimmten Zeitraums eintreten wird. Wenn BEIDES nicht eintritt, sind die Wette und das für die Wette eingesetzte Geld verloren. Im Falle des Kaufs von Aktienoptionen besteht das Ereignis darin, dass sich der Aktienkurs innerhalb des Zeitraums vor Verfall der Option weit genug zu Ihren Gunsten entwickelt.

Abbildung 1.3 zeigt die Verteilung von 4-wöchigen Put-Optionen zu unterschiedlichen Anschaffungskosten (Dezil 1 ist das teuerste und Dezil 10 das billigste), die wertlos verfallen. Die horizontale Linie bildet den durchschnittlichen Verfall über alle Anschaffungskosten ab, nämlich satte 92 Prozent. Wenn Sie 92 Prozent der Zeit verlieren, müssen Sie etwas mehr als das 12-Fache Ihrer Gewinne erzielen (eins geteilt durch acht Prozent), um die Gewinnschwelle zu erreichen. Das ist eine Herausforderung.

Abbildung 1.3 Prozentuale Verteilung von wertlosen 4-wöchigen SPY Puts bei Verfall zu verschiedenen Anschaffungspreisdezilen; Daten von Januar 2013 bis August 2023

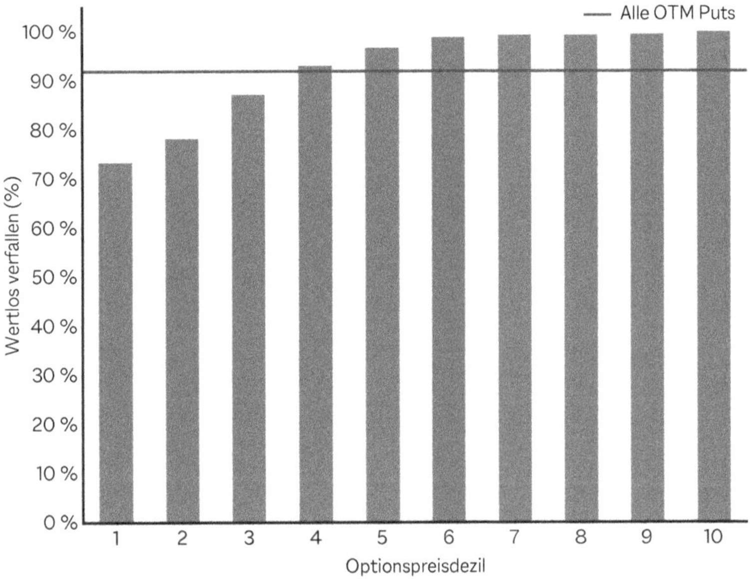

Noch schlimmer wird die Situation für Trader, die auf der Suche nach Optionen zu niedrigen Preisen sind, um richtig abzusahnen. Aufgrund von Verlustaversion und Überschätzung von Ereignissen mit geringer Wahrscheinlichkeit tendieren neue Trader zu billigeren Optionen (etwa die Dezile 3 bis 7). Im Durchschnitt verfallen 95 Prozent der Optionen in diesem Kostenbereich wertlos, sodass erfolgreiche Trades das 20-Fache einbringen müssen, um die Gewinnschwelle zu erreichen (eins geteilt durch fünf Prozent). Wenn man diese Strategie mit klugem Risikomanagement verfolgt, verliert man im Laufe der Zeit langsam Geld. Aber die überhöhte Wahrscheinlichkeit, die diesen überschätzten Ereignissen zugeschrieben wird, verleitet Trader häufig dazu, mehr zu wetten, als sie sollten. Und anstatt langsam Geld zu verlieren, kann man sein Geld schnell verlieren.

Wir beenden diese Ausführungen mit einem Zitat von Warren Buffett: „Kaufen Sie nur etwas, das Sie auch dann noch halten würden, wenn der Markt zehn Jahre lang stillstünde." Da der Wert einer Option zu einem großen Teil vom Zeitablauf abhängt (wir werden dies in Kapitel 2 näher erläutern), kann beim Kauf von Optionen diesem guten Rat nicht gefolgt werden.

Eine unmittelbare Schlussfolgerung

Unsere Erläuterungen lassen sich in einer einfachen Tatsache zusammenfassen: Der professionelle Trade besteht darin, Optionen zu verkaufen, um kleine, aber beständige Gewinne zu erzielen. Damit gehen Sie den umgekehrten Weg des typischen privaten Optionshandels: kleine Erträge mit dem Potenzial für große Drawdowns (relative Wertverluste) – nicht das nachvollziehbarste Profil, aber die Strategie, die sich in den meisten Situationen als die erfolgreiche herausstellt. Das Verfolgen eines Kurses hoher Wahrscheinlichkeit bei gleichzeitigem Risikomanagement bildet den Schwerpunkt dieses Buchs. In Kapitel 3 werden wir unseren Blickwinkel auf das gesamte Ökosystem der Optionen ausweiten, um zu zeigen, dass der Verkauf von Optionen auch dann noch der optimale Weg zum Erfolg ist, wenn man auf der Long-Seite (Käufer) der Optionen professionelle Trader berücksichtigt.

Der Optionshandel übt eine starke Anziehungskraft aus, die durch Geschichten von Reichtum über Nacht und finanzieller Freiheit befeuert wird. In der Realität ist es jedoch so, dass ein erfolgreicher Optionshandel ein umfassendes Verständnis der Feinheiten des Marktes, eine solide Strategie, die unsere natürlichen menschlichen Neigungen ausgleicht, und ein sorgfältiges Risikomanagement erfordert. In den folgenden Kapiteln werden wir diese Faktoren näher beleuchten, um Ihnen das Wissen und die Werkzeuge an die Hand zu geben, die Sie für den erfolgreichen Optionshandel benötigen.

2

DER EINFACHE OPTIONSLEITFADEN

Die mathematischen Grundlagen von Optionen sind eine komplexe Angelegenheit; die Entwickler des anspruchsvollen Black-Merton-Scholes-Modells, das den meisten Optionspreisbewertungen zugrunde liegt, erhielten 1997 den Nobelpreis für Wirtschaftswissenschaften. Aber diese höhere Mathematik brauchen Sie nicht, um ein profitabler Optionshändler zu sein. In diesem Kapitel gehen wir mit Ihnen alle wichtigen Elemente von Optionen durch, die Sie kennen müssen, um den Rest dieses Buchs zu verstehen.

Wichtigste Erkenntnisse:

1. Optionen sind das Recht, einen Basiswert zu einem vorab festgelegten Preis zu oder vor einem vorab festgelegten Datum zu kaufen (Calls) oder zu verkaufen (Puts).
2. Bei Verfall sieht der Wert einer Call- beziehungsweise Put-Option wie ein Hockeyschläger aus: Die Option ist unterhalb (oberhalb) des Ausübungspreises wertlos und die Auszahlung erfolgt linear, basierend auf dem Betrag, um den der Preis des Basiswerts über (unter) dem Ausübungspreis liegt.
3. Vor dem Verfall verläuft die Auszahlungskurve gleichmäßiger, ohne den scharfen Knick des Hockeyschlägers, sodass man von Preisver-

änderungen des Basiswerts vor dem Verfall oder durch den Zeitverlauf profitieren kann.
4. Der Wert einer Option setzt sich aus zwei Komponenten zusammen: dem inneren und dem äußeren Wert. Der innere Wert ist der Wert der Option, wenn sie sofort verfällt, also der „reale" Wert. Der äußere Wert ist der „potenzielle" Wert der Option, der von der Zeit bis zum Verfall, der Volatilität und dem Abstand zum Ausübungspreis abhängt.
5. Der gleichzeitige Kauf und Verkauf von Optionen führt zu Auszahlungen, die einfache Summen einzelner Optionsauszahlungsdiagramme sind. Wenn wir diese Auszahlungen abbilden, können wir unsere Risiken und wahrscheinlichen Auszahlungen schnell verstehen.

Grundlagen von Optionen

Eine Option ist ein derivatives Finanzinstrument, das heißt, sie leitet ihren Wert von einem zugrunde liegenden Basiswert ab. Dieser Basiswert kann eine Aktie, eine Anleihe, ein Rohstoff, eine Währung, ein ETF oder sogar ein Index sein.

Ein Optionskontrakt stellt eine Vereinbarung zwischen zwei Parteien dar: dem Käufer, der das durch die Option gewährte Recht erwirbt, und dem Verkäufer, auch Stillhalter genannt, der die Verpflichtung übernimmt, den Vertrag zu erfüllen, wenn der Käufer sich entscheidet, sein Recht auszuüben. Für den Erwerb dieses Rechts zahlt der Käufer eine Prämie an den Verkäufer; diese Prämie ist der Preis der Option.

Der Preis einer Option wird von mehreren Faktoren beeinflusst, darunter der Preis des Basiswerts, die Zeit bis zum Verfall der Option und die Volatilität des Basiswerts. Doch bevor wir genauer untersuchen, was den Preis einer Option beeinflusst, sollten wir uns die grundlegenden Begriffe und die Funktionsweise von Optionen ansehen.

Wenn Trader einen Anstieg des Preises eines Basiswerts erwarten, können sie eine **Call-Option** kaufen. Diese Option gibt ihnen das

Recht, den Basiswert zu einem im Voraus festgelegten Preis, dem sogenannten **Ausübungspreis (Strike)**, vor oder am **Verfallstag** der Option zu kaufen.* Wenn beispielsweise eine Aktie derzeit mit 100 Dollar gehandelt wird und ein Trader eine 1-Monats-Call-Option mit einem Ausübungspreis von 110 Dollar kauft, setzt er darauf, dass der Aktienkurs bis zum Verfall der Option im nächsten Monat über 110 Dollar (zuzüglich der gezahlten Prämie) liegen wird.

Abbildung 2.1A stellt dieses Szenario bei Verfall grafisch dar (die Auszahlungen vor Verfall werden wir etwas später betrachten). Wie Sie sehen, steigt der Optionswert linear an, sobald der Basiswert den Ausübungspreis erreicht, da der Optionsinhaber sein Recht, die Aktie für 110 Dollar zu kaufen, ausüben und diese Aktie sofort zum Marktpreis verkaufen kann. Liegt der Aktienkurs beispielsweise bei 115 Dollar, kann der Optionsinhaber sein Recht ausüben und diese Aktien auf dem Markt mit einem sofortigen Gewinn von 115 Dollar minus 110 Dollar (abzüglich der gezahlten Prämie) verkaufen – eine lineare Wirkungsweise zwischen Aktienkurs und Ausübungspreis.

Das Diagramm in Abbildung 2.1A zeigt auch, dass der Trade für den Optionskäufer nur dann profitabel ist, wenn der Aktienkurs um den Betrag der gezahlten Prämie über dem Ausübungspreis liegt. Da der Käufer für seine Option eine Prämie gezahlt hat, also irreversible Kosten angefallen sind, muss die lineare Auszahlung dieses kombinierte Niveau (Kurs plus Prämie) überschreiten, um profitabel zu werden.

Im umgekehrten Fall gibt eine **Put-Option** dem Käufer das Recht, den Basiswert vor oder bei Verfall der Option zum Ausübungspreis zu verkaufen. Diese Art von Option wird gekauft, wenn man davon ausgeht, dass der Preis des Basiswerts fallen wird. Fällt der Preis des Basiswerts unter den Ausübungspreis, kann der Inhaber der Put-Option

---

* Da sich dieses Buch ausschließlich auf ETF-Optionen konzentriert, gehen wir davon aus, dass die Ausübung bei oder vor dem Verfall, also jederzeit erfolgen kann, da es sich um „amerikanische“ Optionen handelt. Im Gegensatz dazu können „europäische“ Optionen nur bei Verfall ausgeübt werden.

sein Recht, den Basiswert zum höheren Ausübungspreis zu verkaufen, ausüben und einen Gewinn erzielen. Nehmen wir eine Aktie mit einem Kurs von 100 Dollar. Wenn ein Trader glaubt, dass der Kurs der Aktie unter 90 Dollar fallen wird, kann er eine Put-Option mit einem Ausübungspreis von 90 Dollar kaufen. Die Put-Option wird profitabel, wenn die Aktie unter 90 Dollar abzüglich der gezahlten Prämie gehandelt wird, wie in Abbildung 2.1B dargestellt. Diese grafische Darstellung hilft den Tradern, sich vorzustellen, wie eine Put-Option profitabel wird.

Abbildung 2.1 Optionsauszahlungsprofil bei Verfall

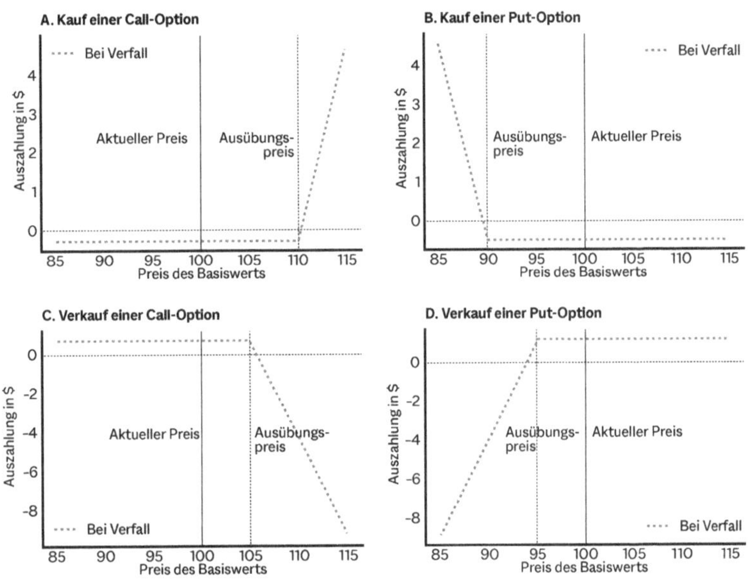

Wie in Kapitel 1 erwähnt, werden wir uns in diesem Buch auf den standardmäßigen Trade des Verkaufs von Optionen konzentrieren. Daher zeigen wir die entsprechenden Auszahlungsstrukturen in den Abbildungen 2.1C und D, wobei die maximale Auszahlung nun die

Verkaufsprämie ist und das potenzielle Risiko nicht gedeckelt ist. Wegen dieses nicht gedeckelten Risikos könnte der Trade als nicht besonders angenehm empfunden werden, wenn man bedenkt, dass wir Menschen von Natur aus dazu neigen, große Verluste zu vermeiden und die Wahrscheinlichkeit extremer Ereignisse zu überschätzen, aber genau deshalb kann dieser Trade im Laufe der Zeit Gewinne einbringen.

Optionen im Zeitverlauf

Obwohl das Verfahren der Optionsausübung (das heißt die Ausübung des Rechts, den Basiswert zum Ausübungspreis zu kaufen oder zu verkaufen) im Mittelpunkt der Optionstheorie steht, wird es für uns im Folgenden keine wesentliche Rolle spielen. Der Grund dafür ist, dass wir uns als Trader nicht auf Strategien konzentrieren werden, die den Kauf oder Verkauf des Basiswerts durch Optionsausübung beinhalten.

Stattdessen werden wir uns nur auf Strategien konzentrieren, die von Veränderungen der Optionswerte profitieren – zum Beispiel eine Option für einen Dollar verkaufen und sie dann vor Verfall für ein paar Cent zurückkaufen. Jetzt, da Sie verstehen, warum sich der Wert einer Option aufgrund der Ausübungsmöglichkeit mit dem Preis des Basiswerts ändert, müssen Sie nicht mehr über das Ausübungsverfahren nachdenken, sondern nur noch über das sich ergebende Auszahlungsprofil in Abhängigkeit vom Preis des Basiswerts.

Abbildung 2.2 zeigt nun die Auszahlungsdiagramme in Abhängigkeit vom Zeitverlauf. Wir sehen den Preis der Option beim Einstieg, auf halbem Weg vom Einstieg bis zum Verfall und schließlich bei Verfall (wie in Abbildung 2.1). Die wichtigste Änderung besteht nun darin, dass der Knick in der Auszahlung während der meisten Zeit, in der Sie die Option halten, nicht so scharf ist wie bei einem Hockeyschläger. Der Inhaber einer Option muss also nicht zwangsläufig warten, bis sich der Basiswert von einer Seite des Ausübungspreises zur anderen bewegt, um seine Profitabilität zu ändern.

Dies ist wichtig für Trader, die nicht unbedingt bis zum Verfall halten oder eine Ausübung in Betracht ziehen. Wir können von einem Trade profitieren, ohne bis zum Verfall oder bis zum Überschreiten des Ausübungspreises zu warten.

Es ist auch wichtig zu wissen, dass eine Option in der Regel einen viel höheren Wert hat als den, den sie hätte, wenn sie heute verfallen würde. Dieser Wertüberschuss nimmt im Laufe der Zeit langsam ab. Man kann also nicht nur Geld verdienen, wenn sich der Basiswert bewegt, sondern auch, indem man eine Option verkauft und die Zeit verstreichen lässt, bis die Zeitwertprämie null beträgt.

Abbildung 2.2 Optionsauszahlungsprofil vor Verfall

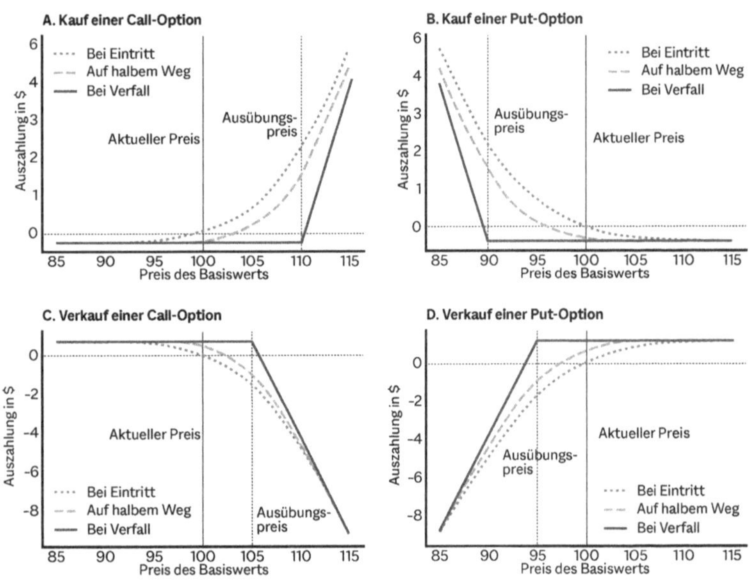

Aufgliederung der Optionsprämie

Der Wert einer Option, der gemeinhin als Prämie bezeichnet wird, setzt sich aus zwei grundlegenden Komponenten zusammen: dem inneren Wert und dem äußeren Wert. Jede Komponente spielt eine entscheidende Rolle bei der Bestimmung des Gesamtwerts eines Optionskontrakts. Lassen Sie uns eingehender betrachten, was diese Werte ausmacht und von welchen Faktoren sie beeinflusst werden. In diesem Beispiel gehen wir davon aus, dass der Basiswert der Option eine Aktie ist.

Innerer Wert: Der „wahre" Wert einer Option

Der innere Wert ist der „wahre" Wert einer Option. Er stellt den unmittelbaren, greifbaren Wert der Option dar, wenn sie sofort ausgeübt wird. Dieser Wert ist einfach zu berechnen, aber entscheidend für das Verständnis der Bewertung von Optionen.

- **Call-Optionen**: Der innere Wert ist die Differenz zwischen dem aktuellen Kurs der Aktie und dem Ausübungspreis der Option, allerdings nur, wenn dieser Wert positiv ist. Liegt der aktuelle Kurs der Aktie unter dem Ausübungspreis, ist der innere Wert gleich null, da die Ausübung der Option nicht von Vorteil wäre. Diese Dynamik wird durch die Hockeyschläger-Formation „Bei Verfall" in Abbildung 2.1A dargestellt, da der innere Wert vor dem Verfall mit dem Gesamtwert der Option bei Verfall übereinstimmt.
- **Put-Optionen**: Umgekehrt ist der innere Wert einer Put-Option die Differenz zwischen dem Ausübungspreis und dem aktuellen Kurs der Aktie, sofern dieser Wert positiv ist. Liegt der Kurs der Aktie über dem Ausübungspreis, ist der innere Wert gleich null, da die Ausübung der Option keinen Vorteil bringen würde. Dies ist anhand der Hockeyschläger-Formation „Bei Verfall" in Abbildung 2.1B zu erkennen, da der innere Wert vor dem Verfall mit dem Gesamtwert der Option bei Verfall übereinstimmt.

Jetzt ist ein hervorragender Zeitpunkt, um einige wichtige Begriffe zu erläutern, die angeben, wo der Aktienkurs im Verhältnis zum Ausübungspreis der Option steht. Dies gibt Ihnen sofort Aufschluss über den inneren Wert einer Option. Optionen, die **aus dem Geld (Out of the money, OTM)** sind, haben keinen inneren Wert, das heißt, der Preis des Basiswerts liegt bei Calls unter dem Ausübungspreis und bei Puts über dem Ausübungspreis. Optionen, die **im Geld (In the money, ITM)** sind, haben einen positiven inneren Wert, das heißt, der Preis des Basiswerts liegt bei Calls über dem Ausübungspreis und bei Puts unter dem Ausübungspreis. Optionen, die **am Geld (At the money, ATM)** sind, liegen genau an der Schwelle, haben keinen inneren Wert, aber ein großes Potenzial, dass sich dies bei geringfügigen Preisänderungen des Basiswerts ändert. ATM-Optionen haben einen Ausübungspreis, der mit dem Preis des Basiswerts übereinstimmt.

Die relative Lage von Ausübungspreis und Preis des Basiswerts kann auch auf einer prozentualen Skala beschrieben werden, die als **Moneyness (Geldnähe)** der Option bekannt ist. Eine Option, bei der der Ausübungspreis fünf Prozent über dem Preis des Basiswerts liegt, hat eine Moneyness von 105. Eine Option, bei der der Ausübungspreis fünf Prozent unter dem Preis des Basiswerts liegt, hat eine Moneyness von 95. Diese Formulierung ist im Allgemeinen die effizienteste Art, die Geldnähe einer Option zu beschreiben.

FÜR FORTGESCHRITTENE: GRIECHISCH LERNEN

Optionsprofis wollen ganz genau wissen, wie schnell sich der Preis einer Option im Verhältnis zum Basiswert bewegen wird. In Fachkreisen wird dies als Δ (ein großes „D" auf Griechisch), ausgesprochen „Delta", bezeichnet. Es steht für die unmittelbare Änderungsrate des Optionspreises, wenn sich der Preis des Basiswerts bewegt. Mathematisch gesehen ist dies einfach die erste Ableitung des Optionspreises in Bezug auf den Preis des Basiswerts. In Abbildung 2.3A zeigen

Abbildung 2.3 Delta und Gamma der Call-Option

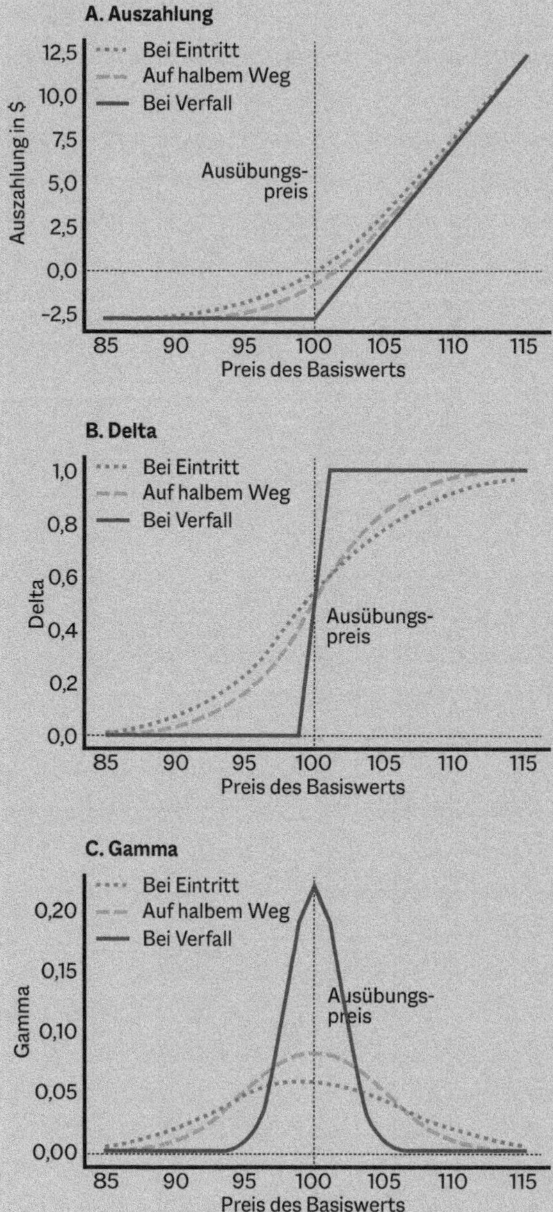

wir wieder die Auszahlungsfunktion für den Kauf einer Call-Option aus Abbildung 2.2A. In Abbildung 2.3B stellen wir nun das Delta für den Kauf einer Call-Option dar. Hier sehen wir, dass sich das Delta von 0 zu 1 entwickelt, wenn sich der Preis des Basiswerts von deutlich unter dem Ausübungspreis zu deutlich über dem Ausübungspreis bewegt. Wenn Sie sich mit Derivaten auskennen, können Sie das Delta ganz einfach abbilden, indem Sie sich die Steigung in Abbildung 2.3A ansehen. Machen Sie sich den Spaß und berechnen Sie das Delta für den Verkauf einer Call-Option. Tun Sie dann dasselbe für den Kauf und Verkauf einer Put-Option.

Es gibt mehrere Gründe, warum das Delta nützlich ist. Erstens wird manchmal vom Kauf von Optionen mit einem bestimmten Delta gesprochen, nicht von Moneyness oder Ausübungspreis. Anstatt beispielsweise eine Call-Option mit einer Moneyness von 95 oder eine Call-Option mit einem Ausübungspreis von 100 zu kaufen, könnte man sagen, dass man eine Call-Option mit einem Delta von 20 kauft, die nicht nur von der Moneyness/dem Ausübungspreis, sondern auch von anderen Variablen wie der Zeit bis zum Verfall abhängt.

Zweitens: Für Anleger, die verstehen wollen, wie sich ihr Portfolio im Verhältnis zum Basiswert verhalten wird, ist das Delta das „Absicherungsverhältnis“ der Option. Wenn Sie zum Beispiel eine Call-Option mit einem Delta von 25 kaufen, steigt der Preis der Option um 25 Cent für den ersten Kursanstieg des Basiswerts um 1,00 Dollar, was eine 25-prozentige Absicherung für eine entsprechende Position im Basiswert bedeutet.

Wenn wir schon beim Thema Delta sind, bietet es sich an, auch Γ (ein großes „G“ auf Griechisch), ausgesprochen „Gamma“, zu erwähnen. Dabei handelt es sich um die Änderungsrate von Delta, die erste Ableitung von Delta in Bezug auf den Preis des Basiswerts oder die zweite Ableitung des Optionspreises in Bezug auf den Preis des Basiswerts. Gamma gibt an, wie schnell sich Delta selbst ändert, wenn sich der Preis des Basiswerts ändert. Wir stellen Gamma in Abbildung

2.3C für den Kauf einer Call-Option dar. Wie Sie sehen, erreicht Gamma in der Nähe des Ausübungspreises der Option den Spitzenwert, da dies der Punkt mit der größten Steigung im Delta-Diagramm in Abbildung 2.3B ist. Auch hier können Sie das Gamma-Diagramm ableiten, indem Sie einfach die Steigung des Delta-Diagramms ausarbeiten. Da Gamma beim Kauf einer Call-Option immer größer null ist, werden im obigen Beispiel für eine Call-Option mit einem Delta von 25 nach dem ersten Preisanstieg von 1,00 Dollar das Delta der Call-Option gestiegen und das geänderte Absicherungsverhältnis höher sein.

Äußerer Wert: Der „potenzielle" Wert

Der äußere Wert ist komplexer, weil er das Potenzial der Option verkörpert. Es geht nicht um den aktuellen Wert der Option, sondern darum, was sie in der Zukunft wert sein könnte. Der äußere Wert ist der Betrag, den die Option über ihren inneren Wert hinaus wert ist, das heißt die Lücke zwischen den Optionsauszahlungen in Abbildung 2.1 von einem bestimmten Zeitpunkt vor dem Verfall bis zur Hockeyschläger-Formation „Bei Verfall". Schauen wir uns die drei wichtigsten Faktoren zur Bestimmung des äußeren Werts an: Zeit bis zum Verfall, Volatilität und Abstand zum Ausübungspreis.

1. **Zeit bis zum Verfall**: Ein wichtiger Antriebsfaktor für den äußeren Wert ist die Zeit bis zum Verfall. Je länger die Zeit bis zum Verfall ist, desto größer ist die Chance, dass sich der Preis des Basiswerts in eine günstige Richtung bewegt und der Wert der Option steigt. Dies lässt sich in Abbildung 2.2 anschaulich nachvollziehen, wo der Preis der Option steigt, je weiter man vom Verfallstag entfernt ist, selbst wenn kein innerer Wert vorhanden ist (die Option ist OTM). Die Komponente des äußeren Werts, die von der Zeit bis zum Verfall abhängt, wird

als **Zeitwert** bezeichnet. Der Zeitwert nimmt ab, wenn sich die Option ihrem Verfall nähert, ein Phänomen, das als Zeitwertverfall bezeichnet wird. Außerdem ist der Zeitwert am höchsten, wenn der Ausübungspreis in der Nähe des Preises des Basiswerts liegt, da hier die Wahrscheinlichkeit eines Gewinns, der noch kein Gewinn ist, am größten ist.

2. **Volatilität**: Die Volatilität misst, wie stark der Preis des Basiswerts in einem bestimmten Zeitraum voraussichtlich schwanken wird. Diese Kennzahl wird fast immer auf Jahresbasis ausgedrückt und stellt die erwartete Standardabweichung von Preisänderungen im Laufe eines Jahres dar. Eine höhere Volatilität bedeutet eine größere Bandbreite an potenziellen Bewegungen des Basiswerts, was die Chancen erhöht, dass die Option letztendlich ITM ist. Daher werden für Optionen auf volatile Basiswerte in der Regel höhere Prämien verlangt.

   Die implizite Volatilität (IV) ist die zukünftige Volatilität, die derzeit in einem Optionspreis angenommen wird. Man kann diesen Wert genau ermitteln, weil alle anderen Datenpunkte, die für die formale Preisbildung einer Option verwendet werden, wie der Preis des Basiswerts und die Zeit bis zum Verfall, bekannt sind. Da es in diesem Buch um den Aufbau einer Optionsverkaufsstrategie geht, werden wir uns letztlich darauf konzentrieren, Optionen mit einer impliziten Volatilität zu verkaufen, die höher ist als die, die wir während unserer Haltedauer erwarten. Doch dazu später mehr.

3. **Abstand zum Ausübungspreis**: Je weiter der Preis des Basiswerts unter (über) dem Ausübungspreis für eine Call-Option (Put-Option) liegt, desto geringer ist die Wahrscheinlichkeit, dass die Option am Ende ihrer Laufzeit einen bedeutenden Wert hat. Folglich ist der äußere Wert niedrig. Liegt der Preis des Basiswerts weit über (unter) dem Ausübungspreis für eine Call-Option (Put-Option), gibt es für die Option nur ein gerin-

ges Überschusspotenzial über den inneren Wert hinaus; daher ist auch hier der äußere Wert niedrig. Liegt eine Option jedoch nah am ATM-Wert, dann hat sie ein unglaubliches Potenzial, das auf möglichen kurzfristigen Marktbewegungen basiert, und sie hat einen hohen äußeren Wert. Diese Dynamik ist deutlich sichtbar, wenn man die Optionsauszahlungen in Abbildung 2.2 vor und bei Verfall vergleicht.

Nachdem wir nun das Prinzip des inneren und äußeren Werts verstanden haben, folgen einige wichtige Erkenntnisse. Erstens gibt es zwei einfache Möglichkeiten, wie ein Optionsverkäufer Geld verdienen kann. Der Preis des Basiswerts könnte sich in einer Sekunde, einer Minute oder jederzeit vor dem Verfall weiter OTM bewegen – was zu einem Rückgang des äußeren Werts führt, da der Ausübungspreis nun weiter entfernt ist. Oder der Basiswert einer Option bewegt sich kaum und die Zeit verstreicht einfach, wodurch der äußere Wert, den der Verkäufer als Verkaufsprämie eingenommen hat, verschwindet.

Die zweite wichtige Erkenntnis lautet: Je höher die Volatilität, desto höher ist die Optionsprämie, die Sie aufgrund des höheren äußeren Werts erhalten. Wenn Sie Optionen verkaufen, werden Sie in der Regel nach Optionen mit einer höheren impliziten Volatilität suchen, solange deren realisierte Volatilität voraussichtlich niedriger ist als die implizite.

Schließlich ist die Moneyness ein wichtiger Bestimmungsfaktor für den Anteil Ihrer Optionsprämie, der durch den Zeitwertverfall gefährdet ist. Bei ITM-Optionen überwiegt der innere Wert, sodass das Risiko des Zeitwertverfalls gering ist, und sie werden daher von vielen als „sicherer" angesehen. Im Gegensatz dazu bestehen OTM-Optionen ausschließlich aus äußerem Wert und sind für den Käufer „riskanter", da die Möglichkeit, die gesamte Prämie durch den Zeitwertverfall zu verlieren, groß ist.

Diese OTM-Optionen sind in der Regel auch preiswerter und bieten dem Käufer eine größere Hebelwirkung. Wie bereits erwähnt, fühlen sich Amateurtrader naturgemäß zum Kauf von OTM-Optionen hingezogen, da diese niedrigere Prämien und das Potenzial für hohe Auszahlungen bei Ergebnissen mit geringer Wahrscheinlichkeit aufweisen. Wir werden jedoch im Allgemeinen die andere Seite dieses Trades übernehmen. Unser Ziel ist es, bei beherrschtem Risiko einen beträchtlichen äußeren Wert zu erzielen.

Kombinierte Optionen

Anstatt eine einzelne Option zu verkaufen, empfehlen wir, Optionen zu Trading-Paketen zusammenzufassen. Wir werden uns bei unseren Haupttrades in diesem Buch darauf konzentrieren. Lassen Sie uns also jetzt untersuchen, wie sich die Auszahlungen darstellen, wenn man gleichzeitig Optionen kauft und verkauft.

Abbildung 2.4A zeigt die Auszahlung, die sich ergibt, wenn wir eine Call-Option mit einem Ausübungspreis von 105 Dollar kaufen und eine Call-Option mit einem Ausübungspreis von 110 Dollar verkaufen – einen sogenannten **Call Debit Spread**. Sie sehen, dass die Auszahlung jetzt nach oben gedeckelt ist, aber der Preis, den Sie für dieses Paket gezahlt haben, geringer ist, als wenn Sie nur die 105-Dollar-Call-Option gekauft hätten, da Sie beim Verkauf der 110-Dollar-Call-Option eine Prämie erhalten haben. In Anwendung der Fachterminologie beträgt die Moneyness dieses Call Spreads 105 bis 110, da die gekaufte Call-Option zufälligerweise fünf Prozent OTM und die verkaufte Call-Option zehn Prozent OTM ist. Der Begriff „Debit“ (Lastschrift) bezieht sich auf die Tatsache, dass wir eine Nettoprämie schulden. Wenn wir den Trade umgekehrt durchführen würden, also die 105-Dollar-Call-Option verkaufen und die 110-Dollar-Call-Option kaufen würden, würden wir mit ziemlicher Sicherheit einen „Credit“ (Gutschrift) für den Trade erhalten. Auch dies wird in unser zentrales Trading-Profil einfließen.

Abbildung 2.4 Summierung der Optionsauszahlungen

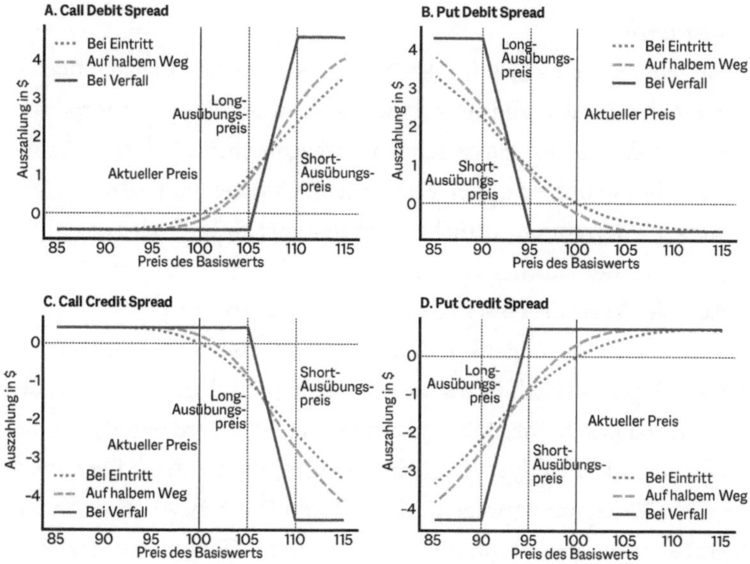

Abbildung 2.4B zeigt die Auszahlung beim Kauf einer Put-Option und dem anschließenden Verkauf einer weiteren OTM-Put-Option (**Put Debit Spread**), wodurch die potenzielle Auszahlung wiederum gedeckelt wird, der Preis für das Paket jedoch geringer ist. Das Wichtigste an diesen Spread-Auszahlungen ist, dass sie **einfach die Summe der Auszahlungen der einzelnen Linien** sind. Nehmen Sie sich einen Moment Zeit, um das Ganze auf dem Papier nachzuvollziehen und zu verstehen, wie unkompliziert dieser Ansatz ist.

Die Abbildungen 2.4C und D verdeutlichen die Auszahlungen der beiden oben genannten Pakete für den Verkäufer (als **Credit Spreads** bezeichnet), wobei wir jetzt etwas Entscheidendes sehen: Der Verkauf von Credit Spreads begrenzt jetzt unseren Maximalverlust, im Gegensatz zum Verkauf einzelner („nackter") Call- oder Put-Optionen. Dieses Risikomanagement-Merkmal wird ein wichtiger Bestandteil unserer Optionsverkaufsstrategie sein: Wir werden eher Spreads als einzelne Optionen verkaufen, um unseren potenziellen Maximalverlust zu begrenzen.

Sie kennen wahrscheinlich den Namen Nassim Taleb, dessen Bücher „Narren des Zufalls“ und „Der schwarze Schwan“ die Herausforderungen der globalen Finanzkrise schon vorweggenommen haben. Nassims Werk hebt die unbekannten Wahrscheinlichkeiten von extremen Ereignissen – den sprichwörtlichen „schwarzen Schwan“ oder das „linke Ende (Tail)“ der Normalverteilungskurve – hervor und warnt vor den Risiken des Verkaufs dieser Niedrigpreisoptionen.

Wir teilen seine Bedenken und möchten betonen, dass nur wenige Privatanleger wirklich in der Lage sind, „den Tail zu verkaufen“. Sie können sicherlich über kürzere Zeiträume Geld verdienen, aber das Risiko eines Totalverlusts ist hoch, wenn Sie die Strategie über einen längeren Zeitraum verfolgen. Mit anderen Worten: Auch wenn wir davon abraten, diese Optionen zu kaufen, um Gewinne zu erzielen, kann ihr Wert als Absicherung in Ihrem Portfolio immer noch positiv sein.

Indem wir vom Verkauf von reinen Puts auf einen Put Spread umsteigen, führen wir einen „Rückkauf“ dieses extremen Risikos durch. Es gibt Zeiten, in denen es sinnvoll sein kann, den Put direkt zu verkaufen oder sogar zu kaufen, und wir werden in späteren Kapiteln einige Situationen untersuchen, in denen dies tatsächlich sinnvoll ist. Vorerst möchten wir jedoch eines betonen, wenn Sie nachts ruhig schlafen wollen: „Schützen Sie sich vor extremen Tails!“

Sie sind nun mit allen Grundlagen ausgestattet, die Sie benötigen, um ein erfolgreiches Optionshandelskonzept zu erstellen. Lassen Sie uns unser Wissen über die Grundlagen von Optionen anhand einiger Beispiele vertiefen.

Praxisbeispiele

Beispiel 1: ITM-Call-Optionen - Apple Inc. (AAPL)

Szenario: Stellen Sie sich vor, die Aktie von Apple Inc. (AAPL) notiert bei 150 Dollar. Ein Trader kauft zu einem Preis von 5,50 Dollar eine Call-Option mit einem Ausübungspreis von 145 Dollar, die in einem Monat verfällt.

Innerer Wert: Der innere Wert dieser Call-Option entspricht der Differenz zwischen dem aktuellen Aktienkurs (150 Dollar) und dem Ausübungspreis (145 Dollar), also fünf Dollar. Das bedeutet, dass die Option bei sofortiger Ausübung fünf Dollar pro Aktie oder 500 Dollar pro Kontrakt (da jeder Standardkontrakt 100 Aktien entspricht) wert wäre.

Realer Kontext: Dies könnte vor einer wichtigen Produktankündigung von Apple der Fall sein, wenn der Trader aufgrund der positiven Reaktion von Verbrauchern und Anlegern mit einem Anstieg des Aktienkurses rechnet, aber keine sehr riskante Wette eingehen möchte. Indem er eine Option kauft, die vom inneren Wert dominiert wird, benötigt er keine Bewegung über den geringen äußeren Wert von 0,50 Dollar hinaus, um einen profitablen Trade abzuschließen. Für Optionsverkäufer ist dies angesichts des Mangels an äußerem Wert nicht besonders attraktiv.

Beispiel 2: OTM-Call-Optionen - Tesla Inc. (TSLA)

Szenario: Die Aktie von Tesla Inc. (TSLA) notiert bei 600 Dollar. Ein Trader kauft eine OTM-Call-Option mit einem Ausübungspreis von 650 Dollar, die in drei Monaten verfällt. Die Optionsprämie beträgt 20 Dollar.

Äußerer Wert und Zeitwertverfall: Da die Call-Option OTM ist, beträgt ihr innerer Wert null Dollar. Die gesamte Prämie von 20 Dollar ist also äußerer Wert. Je näher der Verfallstag rückt und wenn der Aktienkurs von Tesla unter 650 Dollar bleibt, wird der äußere Wert (und damit die Prämie) aufgrund des Zeitwertverfalls sinken.

Realer Kontext: Eine solche Situation kann eintreten, wenn die Anleger ein erhebliches Wachstum von Tesla erwarten, vielleicht aufgrund möglicher politischer Änderungen zugunsten von Elektrofahrzeugen. In diesem Fall geht der Trader von einer überdurchschnittlichen Bewegung aus und ist bereit zu wetten, dass die Option, die derzeit OTM ist, problemlos ITM wird. Und wenn dies geschieht, wird der Anleger gut entschädigt, denn im Moment gibt es keinen inneren Wert, aber sobald die Option ITM ist, wäre er vorhanden. Optionsverkäufer verkaufen diese Optionen gern, da sie in den meisten Fällen wertlos verfallen, aber die Verkäufer müssen sicherstellen, dass sie vor einem in die Höhe schießenden TSLA-Kurs geschützt sind.

Beispiel 3: ATM-Call-Optionen - Pfizer Inc. (PFE)

Szenario: Im Vorfeld der Bekanntgabe von erfolgreichen Ergebnissen der Covid-19-Impfstoff-Studie durch Pfizer wird die Aktie mit erhöhter Volatilität gehandelt und ein Trader kauft ATM-Call-Optionen, die bei Verfall einen Gewinn einbringen werden, wenn der PFE-Kurs um mehr als die gezahlte Prämie ansteigt.
Äußerer Wert: Bei den Optionen auf Pfizer-Aktien wäre es aufgrund der hohen Volatilität zu einem Anstieg der Prämien gekommen. Ein Anleger, der vor der Bekanntgabe Optionen kauft, würde aufgrund der Ungewissheit und des Potenzials für eine erhebliche Kursbewegung mehr bezahlen. Dies alles ist äußerer Wert, da es sich um ATM-Optionen handelt.
Realer Kontext: Dieses Szenario spielte sich Ende 2020 ab, als Pharmaunternehmen wie Pfizer im Rennen um die Entwicklung eines Covid-19-Impfstoffs waren. Meldungen über erfolgreiche Studien führten zu erheblichen Aktienbewegungen. Dies ist möglicherweise eine großartige Gelegenheit für Optionsverkäufer, wenn sie glauben, dass die implizite Volatilität deutlich über der potenziellen künftigen Volatilität liegt, was zu einem Überschuss an äußerem Wert führt, der möglicherweise vereinnahmt werden kann. Die meisten Volatilitätsverkäufer würden es jedoch vermeiden, zu nahe am ATM-Wert zu sein, da die Wahrscheinlichkeit groß ist, dass sich die Option dann gegen sie entwickelt.

3

ZUM HAUS WERDEN

Bis jetzt haben wir die Leser ermutigt, den Verkauf und nicht den Kauf von Optionen in Erwägung zu ziehen. Außerdem haben wir ihnen das grundlegende Wissen vermittelt, das für die Entwicklung einer intelligenten Optionsstrategie erforderlich ist. In diesem Kapitel werden wir den Verkauf von Optionen weiter rechtfertigen, indem wir unseren Blickwinkel auf das erweiterte Ökosystem der Optionen richten und die empirischen Daten sorgfältig untersuchen. Anschließend werden wir den wichtigsten Trade vorstellen, den unsere Leser beherrschen sollten. Dieser wird die Vorlage für den Optionsverkauf bilden, auf der wir im Rest des Buchs aufbauen.

Wichtigste Erkenntnisse:

1. Professionelle Anleger kaufen Optionen zur Absicherung oder zur Erzielung einer höheren Hebelwirkung. Durch die Beteiligung dieser Parteien wird der Kapitalpool, an den wir Optionen verkaufen können, enorm vergrößert.
2. Durch den Verkauf von Optionen sind wir effektiv in drei Geschäftsbereiche eingestiegen, in denen wir als „das Haus" fungieren: ein Casino, eine Versicherungsgesellschaft und eine Bank.

3. Unser standardmäßiger Trade umfasst den Verkauf von SPY Put Spreads, bei dem wir als Versicherungsgesellschaft auftreten und sowohl Liquiditätsprämien als auch neigungsbedingte Prämien verdienen.
4. Im historischen Kontext bringt der Verkauf von 2-wöchigen 90-96 SPY Put Spreads in 95 Prozent der Zeit Gewinne ein, ohne übermäßige Risiken zu verursachen, und er ist in hohem Maße repräsentativ für den Haupttrade einer „Versicherungsgesellschaft", auf den sich unsere Leser konzentrieren sollten.

Das erweiterte Ökosystem der Optionen

Kapitel 1 begann mit einem Überblick über die Neigungen von Trading-Anfängern, wobei wir festgestellt haben, dass das menschliche Verhalten darauf ausgerichtet ist, den Kauf von billigeren OTM-Optionen zu bevorzugen. Diesen Sachverhalt haben wir genutzt, um unsere Leser, die neu im Optionshandel sind, davon zu überzeugen, dass es bei diesen Neigungen klüger ist, die andere Seite des Trades einzunehmen und die Optionen zu verkaufen, anstatt sie zu kaufen. Lassen Sie uns nun dieses Szenario um all die verschiedenen Akteure erweitern, die Optionen kaufen, darunter erfahrene Privatpersonen, Finanzberater, Pensionsfonds, Hedgefonds und andere.

Hedger und Spekulanten sind die wichtigsten Käufer von Optionen. Ein Hedger kauft Optionen, um einen Teil der Verluste abzufedern, die er bei einer ungünstigen Entwicklung seiner Basiswerte erleiden würde. Wie bei jeder anderen Versicherungspolice hofft der Hedger, dass die Versicherung nie benötigt wird. Er geht also davon aus, dass er mit der gekauften Option Geld verliert, während er mit dem Basiswert Geld verdient.

Ein Spekulant hingegen ist anders, da er den Basiswert in der Regel nicht selbst hält. Im Gegensatz zum Hedger hofft er, mit der Option Geld zu verdienen. Interessant ist jedoch, dass der Spekulant im Allgemeinen auch erwartet, mit der Option Geld zu verlieren. Während der Spekulant beim Kauf von Optionen mit häufigen Verlusten rechnet, erwartet er, wenn sie denn Gewinne erzielen, hohe Gewinne, die die häufigen kleinen Verluste mehr als ausgleichen würden.

Beispiel für einen Hedger: Wenn ich Aktien von Apple (AAPL) besitze und der Meinung bin, dass die langfristigen Aussichten für die Aktie gut sind, ich aber wegen des bevorstehenden Erfolgsberichts besorgt bin, könnte ich kurzfristige, preiswerte Put-Optionen kaufen, um mein Portfolio vor einer extremen Bewegung zu schützen. Ich habe quasi eine Versicherung für meine AAPL-Aktien gekauft.

Beispiel für einen Spekulanten: Ich halte derzeit keine Position in XYZ Biotech (ein vielversprechendes Unternehmen, das den Schlüssel zu den Geheimnissen des genetischen Alphabets besitzt), aber ich habe einen „heißen Tipp" von meinem Online-Freund Jimmy2Cats bekommen, dass das Unternehmen übernommen werden soll. Da ich XYZ Biotech nicht sehr gut kenne, beschließe ich, eine günstige OTM-Call-Option auf seine Aktien zu kaufen. Meine Verluste sind begrenzt und meine potenzielle Auszahlung ist riesig. Ich habe ein Lotterielos gekauft und wenn Jimmy2Cats richtigliegt, werden wir gemeinsam feiern. Wenn er sich irrt, habe ich nur sehr wenig verloren und kann mit Jimmy2Cats mitfühlen, ohne dass es mich viel kostet.

Beide Käufer geben Geld aus, das sie voraussichtlich verlieren werden. Der Hedger rechnet damit, mit seiner Aktie Geld zu verdienen, während er mit der Option Geld verliert. Der Spekulant rechnet mit einem kleinen Verlust, aber wenn Jimmy2Cats recht hat, kann er eine Menge verdienen. In beiden Situationen werden wir als Optionsverkäufer für die Bereitstellung von Marktliquidität bezahlt und erhalten eine zusätzliche neigungsbedingte Prämie, die mit der Verlustaversion und der überschätzten Wahrscheinlichkeit von extremen Ereignissen zusammenhängt. In diesem Szenario fallen private Trader in der Regel in das Lager der Spekulanten, während Profis in der Regel in das Lager der Hedger fallen.

Lassen Sie uns die Situation anders darstellen. Wenn Sie darüber nachdenken, ist der Kauf billiger Optionen vergleichbar mit einem

Roulettespiel oder einem Lotterielos. Man setzt kleine Beträge auf potenziell große Auszahlungen. Wenn Sie also Optionen an diesen Teil des Ökosystems der Optionen verkaufen, verhalten Sie sich wie ein Casino. Casinos betreiben ein sehr lukratives Geschäft. Aber wir müssen auch bedenken, dass es sich um ein Geschäft mit Zahlen handelt und das Casino seinen Vorteil rücksichtslos ausnutzt. Es gibt zwar immer wieder Phasen, in denen Casinos verlieren, aber langfristig gesehen gewinnt das Casino, das „Haus" immer. Genau so sollten Sie den Verkauf von Optionen angehen. Seien Sie das Haus!

Wie bereits erwähnt, sind professionelle Anleger auch große Käufer von OTM-Optionen zu Absicherungszwecken. Es besteht eine Nachfrage sowohl nach Aktien- als auch nach Anleihen-Puts, die zur Absicherung von Portfolios gegen Kurs- und Zinsrisiken eingesetzt werden. Hier kommen genau die gleichen Tendenzen ins Spiel, die in Kapitel 1 beschrieben wurden (Verlustaversion und Überschätzung von Ereignissen mit geringer Wahrscheinlichkeit), nur in anderer Form. Amateurtrader verfügen über Barmittel und wollen ein paar „Volltreffer" erzielen. Sie konzentrieren sich daher eher auf den Kauf von Puts und Calls auf Einzeltitel, bei denen die Chance besteht, mit einer einzigen positiven Unternehmensmeldung über Nacht reich zu werden. Professionelle Hedger hingegen haben ein bestehendes Aktien- und Anleihenportfolio, das sie absichern müssen. Sie kaufen zum Beispiel Puts auf Aktienindizes wie den S&P 500 oder ETFs wie den SPY (SPDR S&P 500 ETF).

Wenn wir Optionen an Hedger verkaufen, haben wir unser Geschäftsimperium jetzt auf die Versicherungswelt ausgedehnt! Auch hier gilt, dass Versicherungsgesellschaften genau wie Casinos über kurze Zeiträume Geld verlieren können, aber langfristig gesehen, wenn sie geeignete Risikomanagement-Maßnahmen ergreifen, gewinnen, weil die Menschen eine Dienstleistungsprämie zahlen, von der sie wissen, dass sie diese in der Regel nicht wiederbekommen werden.

Schließlich gibt es noch ein weiteres Geschäft, in das wir als Optionsverkäufer einsteigen können: das Bankgeschäft. Professionelle Anleger nutzen Call-Optionen nämlich auch, um eine Hebelwirkung über eine Cashposition hinaus zu erzielen. In diesem Fall profitieren wir nicht mehr von den grundlegenden menschlichen Neigungen der Verlustaversion und der Überschätzung geringer Wahrscheinlichkeiten. Jetzt werden wir dafür bezahlt, ein Kreditgeber zu sein. Wir verdienen zwar immer noch eine Prämie, aber sie wird etwas geringer ausfallen, da dieser Trade nicht mehr von einer grundlegenden verzerrten Wahrnehmung geprägt ist. Da diese Anleger auch mit einem diversifizierten Portfolio aus Aktien und Anleihen beginnen, werden wir sehen, wie sich dies auswirkt, wenn wir Calls auf Indizes und ETFs verkaufen, die den Beständen im Portfolio entsprechen, wie zum Beispiel SPY und TLT (den iShares 20+ Year Treasury Bond ETF).

Wie Sie in Kapitel 5 sehen werden, ist es profitabler, Optionen zu verkaufen, die von Neigungen abhängen, da Sie sowohl eine Liquiditätsprämie als auch eine neigungsbedingte Prämie erhalten. Dies führt dazu, dass wir eher Produkte wie Puts auf Aktien- und Anleihenindizes sowie Calls auf Einzeltitel (die im Rahmen dieses Buchs leider nicht behandelt werden) verkaufen.

Da wir uns nun einen Gesamtüberblick verschafft haben, lassen Sie uns einen Schritt zurückgehen und den Haupttrade, den wir durchführen werden, untersuchen, um dann im weiteren Verlauf des Buchs auf dieser Grundlage ein diversifiziertes Portfolio für den Optionsverkauf aufbauen.

Unser Haupttrade

Die beiden wichtigsten Lektionen, die wir in Kapitel 2 über den Verkauf von Optionen gelernt haben, sind:

1. Verkaufen Sie OTM-Optionen, denn sie bestehen ausschließlich aus äußerem Wert.
2. Verkaufen Sie Spreads, um Ihr Risiko zu begrenzen.

Wir wollen Spreads verkaufen, die OTM, also aus dem Geld sind – so einfach ist das.

Abbildung 3.1 zeigt die Auszahlung eines OTM Put Spreads auf SPY. Der SPY wird mit 415 Dollar gehandelt und der dargestellte Spread hat eine Frist von zwei Wochen bis zum Verfall, wobei eine Put-Option bei 398 Dollar (Moneyness von 96) verkauft und eine Put-Option bei 373 Dollar (Moneyness von 90) gekauft wird. Die Prämie, die wir hier einnehmen, beträgt 1,37 Dollar, während wir im schlimmsten Fall einen Verlust von 23,63 Dollar riskieren. Dieser tritt aber nur dann ein, wenn wir die Option bei Verfall noch halten und der Preis unter 373 Dollar liegt.

Abbildung 3.2 zeigt die Ergebnisse einer Strategie, bei der dieser 2-wöchige 90-96 SPY Put Spread jeden Freitag verkauft wird, mit einem maximalen Risiko von 100 Basispunkten* für das Portfolio. Das maximale Risiko von 100 Basispunkten für das Portfolio (Portfoliogröße in Dollar) wird durch den Verkauf der Anzahl von Spreads festgelegt, bei der das Portfolio genau 100 Basispunkte verliert, wenn der maximal mögliche Verlust aus dem Spread realisiert wird. Die Formel, die wir lösen müssen, um die Anzahl der zu verkaufenden Kontrakte (X) für das Beispiel in Abbildung 3.1 herauszufinden, lautet: 100 Basispunkte = (X * 100 * 23,63 Dollar)/ Portfoliogröße in Dollar. Natürlich wird sich X jedes Mal ändern, wenn wir einen neuen Spread verkaufen, da sowohl der Maximalverlust aus diesem Spread als auch die Portfoliogröße unterschiedlich sind. Die Strategie wird für den Zeitraum vom 1. Januar 2013 bis zum 30. August 2023, dem Backtesting-Bereich dieses Buchs, ausgeführt. Wie Sie sehen, gewinnt die Strategie in etwa 95 Prozent der Zeit, mit durchschnittlich kleinen Gewinnen alle zwei Wochen und einem gelegentlichen Verlust, der durchschnittlich etwa die Hälfte des maximal möglichen Verlusts beträgt. Dieses Profil passt sehr gut zu unserer Funktion als Versicherungsgesellschaft, wenn wir diese Aktien-ETF-Puts verkaufen.

---

* Ein Basispunkt (BP) ist 1/100stel eines Prozents. Anstelle von 0,01 % schreiben wir 1 BP. Der Plural lautet Basispunkte (BPS).

Abbildung 3.1 Verkauf eines OTM SPY Put Spreads

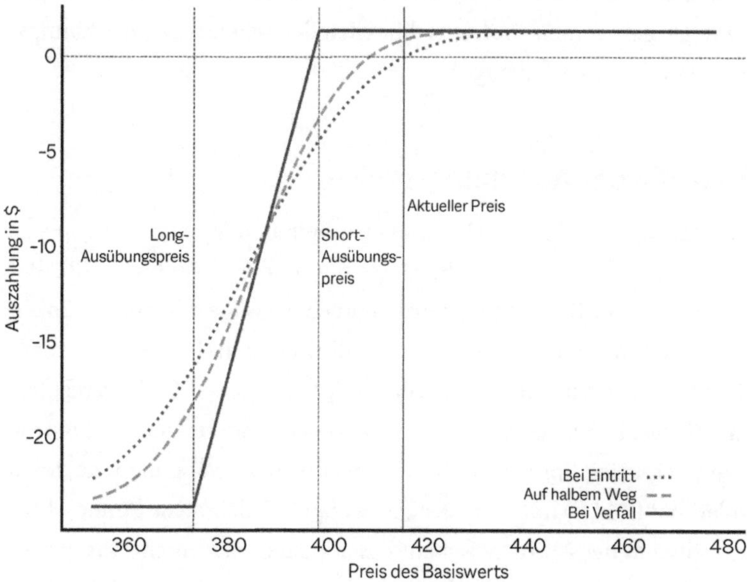

Abbildung 3.2 Strategie mit 2-wöchigem 90-96 SPY Put Spread; 1. Januar 2013 bis 31. August 2023

	2W 90-96 SPY Put Spread
Gewinnrate	94,8 %
Mittlerer Gewinn	4,4 BPS
Mittlerer Verlust	-45,2 BPS

Mit dieser Strategie wird zwar ein Nettogewinn erzielt, aber wir sollten uns definitiv überlegen, wie wir den mittleren (durchschnittlichen) Verlust senken können, ohne die Gewinnrate oder den mittleren

Gewinn wesentlich zu verringern. Dies ist das Thema von Kapitel 4. Doch zunächst wollen wir erläutern, wie wir zu den Details der obigen Strategie gekommen sind, einschließlich der gehandelten Ausübungspreise und des Verfallstages.

Auswahl der Ausübungspreise

Abbildung 3.3 zeigt die Daten aller möglichen Veränderungen von Ausübungspreisen für eine Strategie mit einem 2-wöchigen SPY Put Spread. Bei der Betrachtung wird deutlich, dass Sie den oberen linken Bereich der Matrix meiden sollten, da die Renditen (Bild A) recht niedrig sind, was intuitiv Sinn ergibt, da Sie Spreads so weit OTM verkaufen, dass sie fast keine Prämie einbringen. Auf der anderen Seite sollten Sie aber auch keine Spreads im Bereich rechts unten verkaufen, da deren Volatilität (Bild B) hoch ist. Der „Sweet Spot" – der ideale Punkt – liegt irgendwo in der Mitte zwischen diesen beiden Extremen, was wir bis zu einem gewissen Grad erkennen können, wenn wir das Verhältnis von mittlerer Rendite und Rendite-Volatilität betrachten (Bild C).

Abbildung 3.3 Primäre Auswahlkriterien für den Verkauf von 2-wöchigen SPY Put Spreads; 1. Januar 2013 bis 31. August 2023

A. Mittlere Rendite (BPS)

Long Moneyness \ Short Moneyness	82,0	84,0	86,0	88,0	90,0	92,0	94,0	96,0	98,0	100,0
80,0		0,20	0,27	0,39	0,53	0,63	0,72	0,95	1,21	1,57
82,0			0,37	0,49	0,64	0,75	0,84	1,09	1,34	1,68
84,0			0,50	0,58	0,74	0,85	0,96	1,24	1,58	2,02
86,0				0,74	0,87	0,97	1,09	1,43	1,85	2,34
88,0					1,04	1,09	1,20	1,60	2,07	2,59
90,0						1,16	1,31	**1,83**	2,39	3,00
92,0							1,48	2,19	2,83	3,49
94,0								2,90	3,53	4,23
96,0									4,23	5,13
98,0										6,35

B. Rendite-Volatilität (BPS)

Long Moneyness \ Short Moneyness	82,0	84,0	86,0	88,0	90,0	92,0	94,0	96,0	98,0	100,0
80,0		5,21	5,05	5,09	5,18	5,60	6,53	7,86	9,48	11,62
82,0			4,96	4,93	5,06	5,58	6,61	8,06	9,85	12,28
84,0			5,16	4,86	5,01	5,71	6,99	8,66	10,65	13,33
86,0				5,00	5,04	6,07	7,64	9,52	11,70	14,66
88,0					5,55	7,27	9,25	11,36	13,73	17,01
90,0						10,02	11,95	14,11	16,65	20,33
92,0							15,17	17,43	20,27	24,56
94,0								21,36	24,86	30,29
96,0									32,46	39,48
98,0										54,53

C. Mittlere Rendite (BPS)/Rendite-Volatilität (BPS)

Long Moneyness \ Short Moneyness	82,0	84,0	86,0	88,0	90,0	92,0	94,0	96,0	98,0	100,0
80,0		0,04	0,05	0,08	0,10	0,11	0,11	0,12	0,13	0,13
82,0			0,07	0,10	0,13	0,13	0,13	0,14	0,14	0,14
84,0			0,10	0,12	0,15	0,15	0,14	0,14	0,15	0,15
86,0				0,15	0,17	0,16	0,14	0,15	0,16	0,16
88,0					0,19	0,15	0,13	0,14	0,15	0,15
90,0						0,12	0,11	0,13	0,14	0,15
92,0							0,10	0,13	0,14	0,14
94,0								0,14	0,14	0,14
96,0									0,13	0,13
98,0										0,12

D. Mittlerer Verlust (BPS)

Long Moneyness \ Short Moneyness	82,0	84,0	86,0	88,0	90,0	92,0	94,0	96,0	98,0	100,0
80,0		-100,00	-100,00	-100,00	-38,36	-20,86	-20,84	-20,60	-15,09	-14,53
82,0			-100,00	-100,00	-39,27	-22,56	-21,48	-22,11	-15,47	-15,41
84,0			-100,00	-100,00	-41,31	-25,32	-24,72	-24,42	-17,38	-17,03
86,0				-100,00	-44,80	-30,06	-29,15	-28,46	-19,55	-18,86
88,0					-57,84	-40,69	-38,04	-34,50	-23,79	-21,90
90,0						-62,66	-49,99	-45,17	-29,54	-26,34
92,0							-70,01	-59,44	-37,89	-32,57
94,0								-78,35	-48,68	-41,83
96,0									-66,50	-55,12
98,0										-74,05

E. Gewinnrate (%)

Long Moneyness \ Short Moneyness	82,0	84,0	86,0	88,0	90,0	92,0	94,0	96,0	98,0	100,0
80,0		99,74	99,76	99,76	99,30	97,89	96,24	93,90	86,62	77,70
82,0			99,78	99,79	99,36	98,08	96,38	94,24	86,35	77,40
84,0			99,76	99,80	99,40	98,20	96,60	94,40	87,00	78,00
86,0				99,79	99,43	98,31	96,80	94,74	87,41	78,20
88,0					99,44	98,35	96,88	94,68	87,71	77,98
90,0						98,36	96,75	94,76	87,70	77,76
92,0							96,75	94,77	87,75	77,48
94,0								94,77	87,39	77,12
96,0									86,33	75,54
98,0										71,94

Sie werden außerdem feststellen, dass Sie, je mehr Sie sich den Ausübungspreisen unten links in diesem mittleren Bereich nähern, große mittlere Verluste erleiden (Bild D). Das mag für Sie in Ordnung sein – es hängt ganz von Ihren Ansprüchen ab –, aber wir ziehen es vor, uns von diesem Profil wegzubewegen, da die meisten Kunden es nicht schätzen, wenn große Verluste eintreten. Gleichzeitig sinkt Ihre Gewinnrate (Bild E), wenn Sie sich zu sehr den Ausübungspreisen im oberen rechten Bereich der Matrix nähern. Auch das ist unserer Meinung nach für eine Strategie wie diese nicht optimal, da die Kunden erwarten, dass man mit ihr ständig gewinnt.

Eine schwarze Umrandung hebt den 90-96 Spread hervor. Dies ist unserer Ansicht nach der Sweet Spot für diese Art von Trade. Aber wie wir bereits erwähnt haben, hängt dies in hohem Maße von unserer Präferenz als Anleger ab, die sich von der Ihren stark unterscheiden kann. Mit zunehmender Erfahrung im Handel mit dieser Art von Spreads werden Sie natürlich Ihren eigenen Sweet Spot finden und Sie sollten Ihre Auswahl von Ausübungspreisen entsprechend weiterentwickeln. Sie könnten zum Beispiel eine geringere Volatilität bevorzugen, als wir sie hier gewählt haben, oder Sie könnten höhere Renditen auf Kosten höherer mittlerer Verluste anstreben. Sie werden Ihren persönlichen Sweet Spot erst dann verstehen, wenn Sie eine Weile mit dieser Strategie gehandelt haben und dabei Ihre eigenen Neigungen und Ihre psychische Reaktion auf Gewinn- und Verlustgeschäfte sorgfältig berücksichtigen.

Bevor wir fortfahren, möchten wir betonen, dass unser Sweet Spot nicht dauerhaft ist. Die obigen Erläuterungen stellen eine historische Studie dar, wie die Auswahl der Ausübungspreise gestaltet werden kann. Wir würden nur dann mit genau diesen Ausübungspreisen handeln, wenn die Märkte heute perfekt mit der Vergangenheit übereinstimmen würden. Gehen Sie also nicht davon aus, dass Sie sich immer auf die Ausübungspreise konzentrieren werden, die Sie aufgrund der historischen Entwicklung ausgewählt haben. In Kapitel 6 werden wir unseren Optionen-Screening-Prozess überprüfen und zeigen, wie Ausübungspreise in Echtzeit ausgewählt werden können.

Festlegung des Verfallstages

Abbildung 3.4 zeigt die mittleren Renditen von Strategien mit verschiedenen Verfallstagen (in 1, 2, 4 und 6 Wochen), wobei die Ausübungspreise bei jedem Verfallstag so gewählt werden, dass sie der Volatilität unserer zentralen 2-wöchigen 90-96-Strategie entsprechen. Daher können beim Vergleich die Auswirkungen der verschiedenen Verfallstage klar isoliert werden. Wie Sie sehen, sind die durchschnittlichen Renditen umso höher, je kürzer die Zeit bis zum Verfall ist.

Es zeigt sich, dass Optionen ihren Zeitwert nicht linear verlieren. Sie verlieren kurz vor dem Verfallstag mehr von ihrem Zeitwert als weit vor dem Verfallstag. Abbildung 3.5 zeigt den Wert einer Option von sechs Wochen vor dem Verfall bis zum Verfall. Wenn wir uns auf die ATM-Position konzentrieren, bei der die Prämie vollständig aus äußerem Wert besteht, sehen wir, dass die Option in den letzten zwei Wochen fast den gleichen Wert verliert wie in den vier Wochen davor, ein sehr hoher nicht linearer Zeitwertverfall.

Abbildung 3.4 Mittlere Rendite für verschiedene Verfallstage – Ausübungspreise so festgelegt, dass sie der 2-wöchigen 90-96-Volatilität entsprechen: 92-98 für 1 Woche, 88-94 für 4 Wochen und 86-92 für 6 Wochen; 1. Januar 2013 bis 31. August 2023

	1W	2W	4W	6W
Mittlere wöchentliche Rendite	1,43 BPS	0,91 BPS	0,75 BPS	0,57 BPS

Abbildung 3.5 Zeitwertverfall einer Put-Option

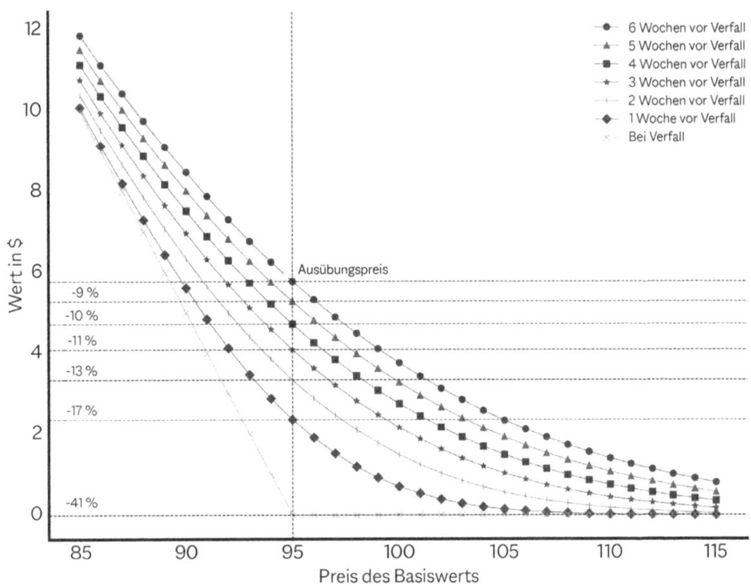

Wir haben für unseren Haupttrade 2-wöchige Verfallsfristen gewählt, aber wie Sie sehen, kann man noch mehr verdienen, wenn man konsequent 1-wöchige Spreads verkauft. Das Produkt ist zwar noch zu neu für ein ausführliches Backtesting, aber durch den Verkauf von „Zero Day to Expiry"-Optionen (0DTE) können noch höhere Gewinne erzielt werden. Die Leser dieses Buchs sind wahrscheinlich mit dem noch explosiveren Wachstum dieser „Same Day"-Optionen vertraut und verstehen hoffentlich, warum: Deren Verkauf ist sehr profitabel!

Wir haben uns aus operativen Gründen für den Verkauf von 2-Wochen-Spreads entschieden. Für die meisten Privatanleger ist es ein schmaler Grat zwischen dem operativen Aufwand und der potenziellen Rendite. Wenn Sie jedoch über die nötigen Programmierkenntnisse verfügen, sollten Sie Ansätze in Betracht ziehen, die auch Optionen mit kürzerer Laufzeit berücksichtigen – auch hier gilt: „Seien Sie das Haus" und nehmen Sie so viele Wetten an, wie Sie operativ bewältigen können, wenn die Chancen gut für Sie stehen.

Wie Sie später in diesem Buch sehen werden, werden wir uns letztendlich auf den Verkauf diversifizierter Optionsportfolios konzentrieren, sodass unser operativer Aufwand allein durch die Erweiterung unseres Spektrums von Basiswerten steigen wird. Mit diesen diversifizierten Optionsportfolios wollen wir nicht wöchentlich handeln, da dies zu arbeitsintensiv wäre.

FÜR FORTGESCHRITTENE: MEHR GRIECHISCH

Unser Hauptaugenmerk in diesem Buch liegt darauf, Geld zu verdienen, indem wir Optionen verkaufen und zusehen, wie ihr Wert auf null sinkt. Daher sind wir sehr daran interessiert, zu erfahren, wie schnell eine Option verfällt. In Fachkreisen wird diese Zeitspanne als Θ bezeichnet, für den griechischen Buchstaben „Theta". Theta steht für die Änderungsrate des Optionspreises im Zeitverlauf. Auch hier handelt es sich um eine weitere erste Ableitung des Optionspreises, in diesem Fall bezogen auf die Zeit. Theta wird in der Regel in Einheiten wie Dollar/Tag oder Basispunkte/Tag angegeben und ist somit die Prämie, die eine Option im Laufe eines Tages voraussichtlich verliert, wenn sich sonst nichts ändert, das heißt, wenn der Preis des Basiswerts, die implizite Volatilität und weitere Parameter unverändert bleiben.

In Abbildung 3.6 ist Theta als Funktion der Zeit bis zum Verfall und des Preises des Basiswerts für denselben Kauf einer Put-Option wie in Abbildung 3.5 dargestellt. Die beiden Hauptmerkmale von Theta, die wir dem Leser mit auf den Weg geben möchten, sind (1) sein höchster ATM-Wert und die Abnahme mit zunehmender Entfernung vom Ausübungspreis und (2) sein höchster Wert kurz vor dem Verfall. Wir möchten die Leser bitten, sich Abbildung 3.5 noch einmal anzuschauen und zu prüfen, ob sie diese beiden Hauptmerkmale von Theta anhand der dort dargestellten groben Auszahlungskurven in etwa zuordnen können.

Abbildung 3.6 Theta einer Put-Option

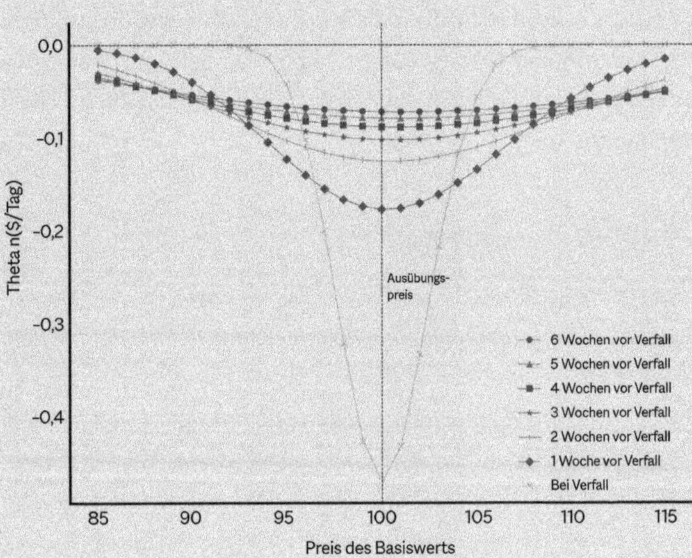

Aktien-ETF-Puts als Favoriten

Das soeben beschriebene Verfahren für den Verkauf von Spreads (Puts oder Calls) kann auf beliebige zugrunde liegende Indizes, ETFs und sogar Einzelaktien angewendet werden. In Kapitel 5 werden wir uns auf die Diversifizierungsvorteile konzentrieren, die sich aus dem Verkauf von Optionen, sowohl Puts als auch Calls, auf verschiedene Basiswerte ergeben. Wir werden auch zeigen, dass die Spread-Prämien mit der sich ändernden Marktdynamik schwanken, sodass es am besten ist, über eine breite Palette von verschiedenen Kandidaten zu verfügen, um beständig Erträge zu erzielen.

Die Konzentration auf SPY Put Spreads in diesem Kapitel über den Haupttrade war nicht zufällig. Wie wir bereits erörtert haben, sind SPY Put Spreads das bevorzugte Instrument professioneller Anleger, ein riesiger Kapitalpool, der nach Absicherungen sucht. In der Regel ist das Aktienrisiko das größte Risiko in den Anlegerportfolios. Wenn Anleger also Zeit darauf verwenden, einen Teil ihres Portfolios abzusichern, dann ist es die Aktienkomponente. Aus diesem Grund sind SPY Puts aus Nachfragesicht häufig optimal.

Außerdem wird in den Prämien von SPY Put Spreads eine verhaltensbedingte Komponente abgebildet, da sie sowohl Verlustaversion als auch die Überschätzung von Ereignissen mit geringer Wahrscheinlichkeit berücksichtigen. Wie wir in Kapitel 5 bei der Betrachtung anderer Basiswerte sehen werden, stellen SPY Put Spreads in der Regel die attraktivste Chance dar, wenn man sich auf die liquidesten, vernünftigsten Möglichkeiten beschränkt.

4

RISIKOMANAGEMENT

In Kapitel 3 haben wir unseren standardmäßigen Trade besprochen, den Verkauf eines 2-wöchigen OTM SPY Put Spreads. Wir haben festgestellt, dass wir durch eine sorgfältige Auswahl der Ausübungspreise ein Profil erstellen können, das eine konstant hohe Gewinnrate bei überschaubarem Abwärtsrisiko aufweist. In diesem Kapitel gehen wir auf einige Risikomanagement-Instrumente ein, die dazu beitragen können, diesen Haupttrade noch attraktiver zu machen.

Wichtigste Erkenntnisse:

1. Das Setzen von Stop-Losses kann den mittleren Verlust der Strategie drastisch senken, ohne die Renditen zu beeinträchtigen.
2. Legen Sie für die Stopps einen guten Mittelweg fest: Sind die Stopps zu eng, erleben Sie einen „schleichenden Tod"; sind diese zu locker, können Sie große Verluste nicht hinreichend begrenzen.
3. Für unsere 90-96-Ausübungspreise ist ein ATM-Stop-Loss optimal. Die Put Spreads werden zurückgekauft, wenn der Kurs den Ausübungspreis der verkauften Option erreicht.
4. Das „Herunter- und Wegrollen" von Optionen, nachdem sie durch einen ATM-Stop-Loss geschlossen wurden, ist ein wirksames Mittel, um die Strategie zu verbessern und die Wahrscheinlichkeiten zu Ihren Gunsten zu verändern.

5. Aus historischer Sicht ist ein Rollen optimal, wenn noch mehr als zehn Tage bis zum Verfall der geschlossenen Position verbleiben und durch die Erfassung höherer impliziter Volatilitäten das Risiko einer Abwärtsdynamik ausgeglichen wird.

Mehr als „Verkaufen und Halten"

In Abbildung 4.1 stellen wir noch einmal die zusammengefassten Daten unseres Haupttrades dar.* Zur Erinnerung: Wir haben 2-wöchige 90-96 SPY Put Spreads mit einem Risiko von 100 Basispunkten (ein Prozent) des Portfolios pro verkauftem Spread verkauft und diese Spreads bis zum Verfall gehalten. Aber es gibt keinen Grund, warum wir diese Positionen nicht vor dem Verfall schließen können.

Wir sollten hier festhalten, dass die meisten kurzfristigen Trader nicht über den Luxus vordefinierter Maximalverluste und Maximalgewinne verfügen. Für diese Trader sind die Begrenzung des Abwärtsrisikos und die disziplinierte Mitnahme von Gewinnen zwingende Voraussetzungen für ihre Strategie. Es hat sich jedoch herausgestellt, dass einige dieser Instrumente zur Risikobegrenzung und Steigerung der Profitabilität auch für uns wertvoll sein können.

Es gibt zwei zentrale Risikomanagement-Instrumente, die Trader zum Ausstieg aus einem Trade einsetzen und die vor Verlustrisiken schützen und Gewinne sichern: Stop-Losses und Gewinnmitnahmen. In diesem Kapitel werden wir diese beiden Instrumente analysieren, um herauszufinden, ob sie unsere OTM-SPY-Spread-Verkaufsstrategie verbessern können.

---

* Die Ergebnisse in Abbildung 4.1 unterscheiden sich geringfügig von denen in Abbildung 3.3. In Kapitel 3 hatten wir eine große Anzahl möglicher Trades zu analysieren, sodass wir aus Zeitgründen unsere einfachere Testumgebung verwendet haben. In Abbildung 4.1 gehen wir zu unserem schwierigen Backtesting-System mit Minutenintervallen über, mit dem wir Risikomanagement-Instrumente wie die in diesem Kapitel behandelten untersuchen können. Die geringfügigen Abweichungen sind auf kleine Unterschiede in der Art und Weise zurückzuführen, wie diese unterschiedlichen Systeme die von der Options Price Reporting Authority erhaltenen rohen Quelldaten verarbeiten.

Abbildung 4.1 Strategie mit 2-wöchigem 90-96 SPY Put Spread; 1. Januar 2013 bis 31. August 2023

Mittlere Rendite (BPS)	1,81
Rendite-Volatilität (BPS)	14,05
Mittlere Rendite (BPS)/Rendite-Volatilität (BPS)	0,13
Mittlerer Verlust (BPS)	-44,65
Gewinnrate (%)	94,7

Stop-Losses

Das erste und wichtigste Instrument, das wir für unsere Strategie in Betracht ziehen werden, ist ein **Stop-Loss**. Dabei handelt es sich einfach um einen Auftrag zum Schließen einer Position zu einem vorab festgelegten Preis, wenn sich der Trade gegen Sie entwickelt. Diese Art des Ausstiegs aus einem Trade zielt darauf ab, Verluste über einen bestimmten Betrag hinaus zu vermeiden. Indem wir nur Spreads verkaufen, haben wir unsere Verluste bereits auf einen vorab festgelegten Betrag begrenzt, aber jetzt untersuchen wir das Setzen von Stop-Losses, lange bevor wir das maximale Verlustpotenzial unseres Spreads erreichen, wenn er einfach verkauft und gehalten wird.

Abbildung 4.2 zeigt die Ergebnisse des Setzens eines Stop-Loss bei unserer zentralen SPY-Verkaufsstrategie. Beginnen wir ganz rechts, wo wir die Ergebnisse unserer Strategie ohne Stop-Loss sehen. Wenn wir dann eine Spalte weiter nach links gehen, sehen wir die Ergebnisse, wenn wir unsere Positionen vorzeitig schließen, sobald der Kurs vier Prozent über unseren Verkaufsausübungspreis hinaus fällt, was wir als 4 % ITM bezeichnen. Da wir einen 90-96 Put Spread verkaufen, hätte der Kassakurs in diesem Fall um acht Prozent fallen müssen, damit der verkaufte Spread 4 % ITM ist. Wie Sie sehen, ändern sich die Daten im Vergleich zur Strategie ohne Stop-Loss nicht dramatisch, da dieser Stop-Loss fast nie erreicht wird. Wenn wir uns in Abbildung 4.2 weiter nach links bewegen, schließen wir die Positionen während eines SPY-Drawdowns immer früher. Die Abbildung endet mit einer Stop-Loss-Regel, bei der wir den Spread schließen, wenn der Kassakurs noch zwei Prozent von unserem Verkaufsausübungspreis entfernt ist – ein sehr enger Stop-Loss.

Abbildung 4.2 Auswirkung des Stop-Loss auf die Strategie mit 2-wöchigem 90-96 SPY Put Spread; 1. Januar 2013 bis 31. August 2023

	2 % OTM	ATM	2 % ITM	4 % ITM	Ohne
Mittlere Rendite (BPS)	1,14	1,68	1,74	1,74	1,81
Rendite-Volatilität (BPS)	6,25	7,89	11,63	12,97	14,05
Mittlere Rendite (BPS)/Rendite-Volatilität (BPS)	0,18	0,21	0,15	0,13	0,13
Mittlerer Verlust (BPS)	-7,52	-17,04	-33,45	-41,42	-44,65
Gewinnrate (%)	76,64	88,85	93,24	94,33	94,70

Je enger Sie den Stop-Loss setzen (von rechts nach links), desto geringer ist der mittlere Verlust, da Sie immer früher aus Positionen aussteigen, die sich gegen Sie entwickeln. Gleichzeitig sinkt Ihre Volatilität, da Sie große potenzielle Verluste vermeiden. Allerdings sinken auch Ihre Rendite und Ihre Gewinnrate. Betrachtet man die risikobereinigte Rendite in der dritten Zeile von Abbildung 4.2, die hier als mittlere Rendite/Rendite-Volatilität definiert ist, gibt es eindeutig einen Sweet Spot in der Nähe des ATM-Stop-Loss, wo diese Kennzahl ihren Höchstwert erreicht. Das trifft sich gut, weil ein ATM-Stop-Loss auch sehr nützlich ist, um eine „Abtretung" zu vermeiden, wie in Kapitel 6 erläutert wird.

Noch wichtiger als die Verringerung der Volatilität ist für uns die Reduzierung unseres mittleren Verlusts. Durch das Setzen eines ATM-Stop-Loss wird der mittlere Verlust um über 60 Prozent (von -44,65 Basispunkten auf -17,04 Basispunkte) reduziert, während die mittlere

Rendite nur um etwa neun Prozent (von 1,81 Basispunkten auf 1,68 Basispunkte) sinkt – ein Volltreffer für das Risikomanagement, den wir von nun an nutzen werden:

> *Setzen Sie einen ATM-Stop-Loss, der den Spread schließt, sobald der Preis des Basiswerts den Verkaufsausübungspreis erreicht.*

Lassen Sie uns einen Moment abschweifen und eine wichtige Warnung aussprechen. Einer der häufigsten Fehler, den neue Trader machen, besteht darin, Stop-Losses zu eng zu setzen – eine intuitive Folge der in Kapitel 1 beschriebenen Verlustaversion. Diese ultrakonservative Strategie führt jedoch unweigerlich dazu, dass ein Trader immer wieder kleine Verluste erleidet, bis sein Kontostand auf null sinkt. Wenn wir beispielsweise Abbildung 4.2 noch weiter nach links fortsetzen würden, sagen wir bis zu einem 3%-OTM-Stop-Loss, würde die mittlere Rendite auf 0,60 Basispunkte fallen; und wenn wir zu einem 4%-OTM-Stop weitergehen würden, würde die mittlere Rendite 0,24 Basispunkte betragen, was wahrscheinlich nicht einmal ausreichen würde, um die Kosten für die Umsetzung der Strategie zu decken!

Halten wir unmissverständlich fest: Neben dem Einsatz von Spreads ist das intelligente Setzen von Stop-Losses das wichtigste Risikomanagement-Instrument, das Sie aus diesem Buch mitnehmen können. Wir verdienen Geld mit dem Verkauf dieser SPY Put Spreads, weil wir eine Dienstleistung erbringen.

Genauer gesagt verkaufen wir eine Versicherung. Um die volle Prämie zu verdienen, müssen Sie diese Versicherungspolice für den größten Teil des Zeitraums bis zum Verfall halten. Sie müssen wirklich das Risiko tragen, das der Käufer der Put-Option von Ihnen abgesichert haben möchte: eine Bewegung gegen seine Long-Position in Aktien irgendwann während der Laufzeit der Option. Wenn Sie Ihre Position konsequent beim ersten Anzeichen eines Risikos schließen, werden

Sie diese Prämie nicht verdienen, weil Sie letztendlich keine Dienstleistung eines Versicherers erbringen. Ironischerweise tun Sie genau das Gegenteil – Sie kaufen beim ersten Anzeichen von Schwierigkeiten eine Versicherung für Ihre Versicherung!

Und nun noch eine letzte Warnung zu diesem Thema. Man könnte meinen, dass man mit der aggressiven Stopp-Strategie genügend Geld verdienen kann, zum Beispiel mit der 3%-OTM-Stopp-Strategie mit einer mittleren Rendite von 0,60 Basispunkten. Das Problem bei dieser Idee ist, dass Stopps übersehen werden können! Normalerweise ist das nicht der Fall, aber wenn sich der Markt schnell genug bewegt (zum Beispiel wenn ein Krieg ausbricht), können Ihre Stopps tatsächlich übersehen werden. In diesem Szenario könnte eine stark gehebelte Position in kürzester Zeit das gesamte Risiko auf sich ziehen, was einen viel größeren Verlust bedeuten würde als bei einer Position mit weniger Hebelwirkung!

Bevor wir zu unserem nächsten Risikomanagement-Instrument übergehen, möchten wir den Leser daran erinnern, dass der ATM-Stop-Loss nur für die von uns verwendete 90-96-Ausübungspreis-Kombination empfohlen wird. Wenn Sie beschließen, mit einer anderen Moneyness als 96 zu verkaufen, ändern Sie die Häufigkeit, mit der der Verkaufsausübungspreis getroffen wird, und damit auch den Wert des Stop-Loss. Denken Sie daran, dass zu enge Stop-Losses (das heißt zu häufige Treffer) suboptimal sind. Wenn Sie also beschließen, mit einer Moneyness von 98 zu verkaufen, und einen ATM-Stopp-Loss einsetzen, werden Sie ständig ausgestoppt, was die Profitabilität Ihrer Strategie erheblich verringert.

Gewinnmitnahmen

Die andere gängige Risikomanagement-Methode, die von Tradern angewendet wird, ist das Schließen eines Trades bei einem vorab festgelegten Profitabilitätsniveau. Dies ist im Grunde dasselbe Konzept wie ein Stop-Loss, nur dass wir jetzt frühzeitig schließen, wenn wir einen angestrebten Gewinn anstatt eines Verlusts erzielen. Verständlicherweise wollen wir sicherstellen, dass ein gewinnbringender Trade auch als Gewinn verbucht wird und nicht bis zum Verfallstag gewartet wird. Wenn der „zu enge" Stop-Loss mit dem Rückkauf einer Versicherung beim ersten Anzeichen von Schwierigkeiten verglichen werden kann, dann kann man sich die systematische Gewinnmitnahme so vorstellen, dass man diese Versicherung zurückkauft, wenn andere bereit sind, sie Ihnen zu einem niedrigeren Preis zu verkaufen. Wie Warren Buffett über das Versicherungsgeschäft bemerkte (Buffett, ohne Jahresangabe):

> Es gibt nur zwei Gründe für den Kauf einer Versicherung. Erstens, um sich vor Verlusten zu schützen, die man nicht tragen will oder kann. Zweitens, weil man der Meinung ist, dass die Versicherungsgesellschaft die Versicherung zu billig verkauft.

Abbildung 4.3 Gewinnmitnahmeeffekte bei der Kernstrategie mit 2-wöchigem SPY 90-96 Put Spread; 1. Januar 2013 bis 31. August 2023

	50 %	70 %	90 %	95 %	Ohne
Mittlere Rendite (BPS)	1,64	1,60	1,61	1,75	1,81
Rendite-Volatilität (BPS)	10,17	12,55	13,88	13,94	14,05
Mittlere Rendite (BPS)/Rendite-Volatilität (BPS)	0,16	0,13	0,12	0,13	0,13
Mittlerer Verlust (BPS)	-65,72	-57,41	-45,92	-45,86	-44,65
Gewinnrate (%)	98,19	96,74	94,93	94,93	94,70

Abbildung 4.3 zeigt die Ergebnisse des Schließens unseres 2-wöchigen SPY 90-96 Put Spreads, sobald wir einen bestimmten Prozentsatz der maximal möglichen Auszahlung aus unserem Spread eingenommen haben. Beispielsweise wird in der Spalte „Ohne" die Strategie in allen Situationen bis zum Verfall beibehalten. In der Spalte „95 %" verkaufen wir zum Beispiel einen 1-Dollar-Put-Spread (der maximal mögliche Gewinn) und schließen ihn, wenn er nur noch 0,05 Dollar wert ist. Wir

hätten ihn bis zum Verfall halten und weitere fünf Cent erzielen können (Spalte „Ohne"), aber wir haben uns entschieden, ihn frühzeitig zu schließen, um einen angestrebten Gewinn zu erzielen. Die Spalte „50 %" bedeutet, dass wir Gewinne mitnehmen würden, sobald wir 50 Prozent unseres maximalen Gewinns erreicht haben (das heißt 50 Cent).

Die wichtigste Beobachtung aus Abbildung 4.3 ist, dass frühe Gewinnmitnahmen die Renditen schmälern, ohne die Volatilität oder die mittleren Verluste wesentlich zu verringern. Wenn Sie den Spread in der Nähe Ihrer maximalen Profitabilität (zum Beispiel Profitabilitätsniveau von 95 Prozent) zurückkaufen, lassen Sie ein paar Cent auf dem Tisch liegen, wobei das Risiko, von dieser Position negativ getroffen zu werden, gering ist. Wenn Sie andererseits den Trade noch früher schließen (zum Beispiel bei 50 Prozent des maximalen Gewinns), erhöhen Sie Ihre Gewinnrate, während Ihre mittlere Rendite nur geringfügig zu sinken scheint – ein potenziell interessantes Ergebnis. Das Problem dabei ist, dass sich Ihr mittlerer Verlust erhöht und Ihre Ertrags- und Risikozahlen schlechter sind als beim Setzen eines ATM-Stop-Loss (siehe Abbildung 4.2).

Wie sieht es aus, wenn Sie unsere bevorzugte ATM-Stop-Loss-Regel durch die Gewinnmitnahme ergänzen – ergibt sich möglicherweise ein Vorteil, wenn Sie diese Instrumente miteinander kombinieren? Abbildung 4.4 zeigt die Ergebnisse. Jetzt sehen Sie eine noch stärkere Verschlechterung der Rendite als in Abbildung 4.3, wenn Sie sich auf strengere Gewinnmitnahmeregeln konzentrieren (linke Seite von Abbildung 4.4).

Die Einführung von Gewinnmitnahmeregeln ist verlockend, da Sie damit das Risiko ausschalten können. Sie müssen sich aber darüber im Klaren sein, dass dies aus zwei wichtigen Gründen ein Verlustgeschäft ist. Erstens sind sowohl die ATM-Stop-Loss-Regel als auch der Einsatz von Put Spreads ein enormer Schutz; Sie müssen immer daran denken, dass Sie im Allgemeinen kein maximales Verlustrisiko eingehen, wenn

Sie über eine Stop-Loss-Ausstiegsstrategie verfügen. Zweitens: Je mehr sich der Trade zu Ihren Gunsten entwickelt (je profitabler er wird), desto weiter ist er davon entfernt, ein ernsthaftes Abwärtsrisiko für Ihr Portfolio darzustellen. Zum einen hat die Position weniger Zeit, sich gegen Sie zu entwickeln, und zum anderen ist der Preis des Basiswerts so weit gestiegen, dass die Wahrscheinlichkeit einer ausreichend großen SPY-Bewegung sehr gering ist.

Abbildung 4.4 Gewinnmitnahmeeffekte bei der Kernstrategie mit 2-wöchigem SPY 90-96 Put Spread mit ATM-Stop-Loss; 1. Januar 2013 bis 31. August 2023

	50 %	70 %	90 %	95 %	Ohne
Mittlere Rendite (BPS)	1,14	1,40	1,51	1,63	1,68
Rendite-Volatilität (BPS)	6,30	7,13	7,68	7,78	7,89
Mittlere Rendite (BPS)/Rendite-Volatilität (BPS)	0,18	0,20	0,20	0,21	0,21
Mittlerer Verlust (BPS)	-19,03	-18,16	-17,12	-17,15	-17,04
Gewinnrate (%)	93,12	91,12	89,13	89,13	88,85

In dieser Konstellation sind sowohl der Put, den Sie halten, als auch der Put, den Sie verkauft haben, die von Nassim Taleb beschriebenen extremen Tails. Diese Tails beinhalten einen erheblichen Wert und wie unsere empirischen Ergebnisse zeigen, verringern Sie Ihre Renditen, indem Sie diese extremen Risiken zurückkaufen. Solange Sie Ihr Gesamtengagement sorgfältig verwalten, ist Ihr Portfolio vor katastrophalen Ergebnissen geschützt und profitiert gleichzeitig von dem verbleibenden Zeitwertverfall dieser Optionen.

Rollen von Positionen

Wir haben festgestellt, dass Stop-Losses ein wirksames Instrument zur Risikominderung beim Verkauf unseres OTM-Spreads sind, während Gewinnmitnahmen keinen großen Mehrwert zu bringen scheinen. Es gibt jedoch einen wichtigen Aspekt, den wir bisher ignoriert haben.

Wenn wir eine Position vorzeitig geschlossen haben, haben wir in der verbleibenden Zeit bis zum Verfall des geschlossenen Spreads keine neuen Positionen eröffnet. Wir haben einfach gewartet, um unseren 2-wöchigen 90-96 SPY Put Spread erneut zu verkaufen.

Nach einer unerwarteten Volatilitätswelle empfinden es viele als eine willkommene Pause, nach einem Stop-Loss nicht wieder zu investieren. Es fühlt sich ganz natürlich an, zur Seite zu treten und abzuwarten, wie sich die nächsten Wochen entwickeln. „Was kann es schon schaden, wenn ich in der nächsten Woche oder dann und wann mal etwas verpasse?“ Spoiler-Alarm: Es ist ziemlich suboptimal, an der Seitenlinie zu bleiben!

Abbildung 4.5 zeigt, was mit unserer Kernstrategie – jetzt mit Setzen eines ATM-Stop-Loss – passiert, wenn wir eine bestimmte Anzahl von Tagen vor unserem nächsten natürlichen Verkaufsdatum erneut verkaufen. Dieser Prozess wird als „Herunter- und Wegrollen“ bezeichnet, da Sie bei der Moneyness um vier Prozent „herunterrollen" und zu einem neuen Verfallstag „wegrollen“, der zwei Wochen nach dem heutigen Tag liegt.

Beginnend mit der rechten Seite von Abbildung 4.5 sehen wir unsere Kernstrategie mit ATM-Stop-Loss und ohne Rollen von geschlossenen Positionen. Die Spalte „12 T“ daneben bildet dieselbe Strategie ab, aber jetzt rollen wir herunter und weg, wenn Positionen mehr als zwölf Kalendertage vor ihrem Verfall ausgestoppt werden. Mit anderen Worten: Wenn unsere Position innerhalb der ersten zwei Tage der Haltedauer geschlossen wird, rollen wir in einen neuen Spread.

Sie verbessern die Strategie erheblich, indem Sie einen neuen Spread verkaufen, wenn Sie die Position innerhalb der ersten zwei Kalendertage nach der Eröffnung schließen. Wenn Sie sich die empirischen Daten ansehen, werden Sie jedoch feststellen, dass es bei zehn Tagen vor dem Verfall einen Sweet Spot gibt, und das wird die Regel sein, der wir für den Rest des Buchs folgen werden:

Wenn wir in den ersten vier Tagen unseres Trades ausgestoppt werden, dann werden wir herunter- und wegrollen.

In Abbildung 4.5 sind zwei bemerkenswerte Muster zu erkennen. Das erste besagt, dass es immer besser zu sein scheint, zu rollen, nachdem man ausgestoppt wurde. Dies entspricht zwar möglicherweise nicht der eigenen Intuition, da man denken könnte, dass es am besten ist, diesem Trade aus dem Weg zu gehen, solange er nicht funktioniert, aber die Daten sagen etwas anderes. Woran mag das liegen? Wie Sie in Kapitel 3 erfahren haben, ist einer der wichtigsten Faktoren für den äußeren Wert der OTM-Optionen die implizite Volatilität (IV). Es stellt sich heraus, dass die IV nach einer Bewegung von vier Prozent gegen Sie üblicherweise erhöht ist, was dann auch die Prämie für den Verkauf dieser Optionen erhöht. Die durchschnittliche IV der Optionen, die wir während unseres Testfensters von 2013 bis 2023 verkaufen, liegt bei etwa 20 Prozent, während die durchschnittliche IV der Optionen, die wir verkaufen, nachdem ein Stop-Loss erreicht wurde, etwa 45 Prozent beträgt! Das ist der Grund, warum wir in Abbildung 4.5 einen Anstieg der mittleren Rendite von mehr als zehn Prozent sehen, obwohl wir nur in etwa zehn Prozent der Zeit ausgestoppt wurden.

Abbildung 4.5 Neuer Verkauf zu unterschiedlichen Zeitpunkten vor dem nächsten Verkauf: Auswirkungen auf die Kernstrategie mit 2-wöchigem SPY 90-96 Put Spread mit ATM-Stop-Loss; 1. Januar 2013 bis 31. August 2023

	4 T	6 T	8 T	10 T	12 T	Ohne Rollen
Mittlere Rendite (BPS)	1,91	1,90	2,00	2,10	1,87	1,68
Rendite-Volatilität (BPS)	8,57	8,57	8,39	8,09	8,05	7,89
Mittlere Rendite (BPS)/Rendite-Volatilität (BPS)	0,22	0,22	0,24	0,26	0,23	0,21
Mittlerer Verlust (BPS)	-16,75	-16,80	-16,27	-15,78	-16,00	-17,04
Gewinnrate (%)	88,00	88,00	88,29	88,60	88,07	88,85

FÜR FORTGESCHRITTENE: OPTIONSPREISE UND IMPLIZITE VOLATILITÄT

Wir haben gerade die Auswirkungen einer höheren IV auf unsere Strategie untersucht. Lassen Sie uns nun versuchen, ein noch besseres Gespür dafür zu entwickeln. Abbildung 4.6 zeigt den Wert einer Put-Option bei drei verschiedenen impliziten Volatilitäten (15 Prozent, 30 Prozent und 45 Prozent). Als Näherungswert für die soeben besprochenen IV-Werte, bei denen wir einen Anstieg der IV von durchschnittlich 20 Prozent auf 45 Prozent gesehen haben, wollen wir die Preisbildung von Puts bei 15 Prozent und 45 Prozent untersuchen. Das Wichtigste dabei ist, dass sich Änderungen der IV viel stärker auf den Preis auswirken, wenn die Optionen OTM sind. Zum Beispiel steigt eine 5%-OTM-Put-Option von 0,06 Dollar auf 1,64 Dollar, wenn sich die IV verdreifacht, was einer Veränderung von 2.700 Prozent entspricht, während eine 5%-ITM-Put-Option nur einen Sprung von 20 Prozent macht.

Abbildung 4.6 Optionspreis als Funktion der IV

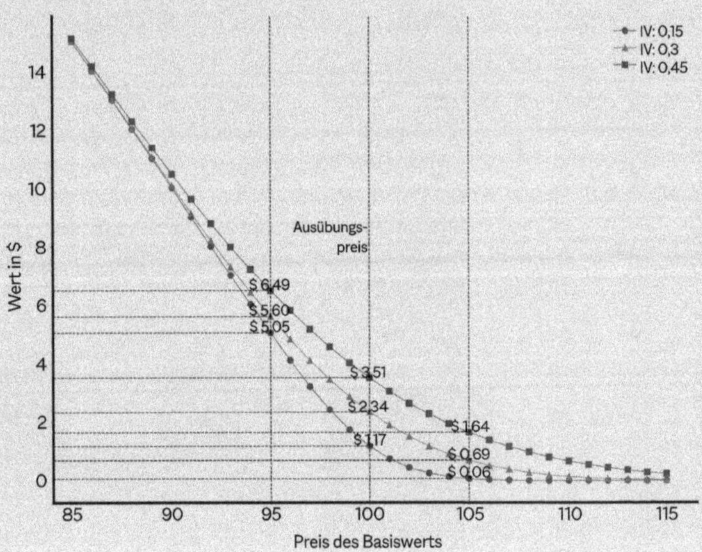

In Abbildung 4.5 erkennen wir noch ein anderes Muster: Es ist optimal, zu rollen, wenn der Stop-Loss nicht zu schnell oder zu langsam einsetzt. Hier ist auch noch eine andere Kraft am Werk: Die Aktienmärkte neigen dazu, nach bedeutenden 5-Tages-Bewegungen eine starke Tendenz zur Rückkehr zum Mittelwert aufweisen. Das heißt, wenn der Aktienmarkt über einen Zeitraum von fünf Tagen stark gefallen ist, erwarten wir, dass die nächste Woche oder die nächsten zwei Wochen neutral bis positiv verlaufen, nicht negativ. Aus diesem Grund sehen wir in der 10-T-Spalte einen Spitzenwert bei der Rendite, da wir uns in der Nähe dieses 5-Tage-Zeitraums der Rückkehr zum Mittelwert befinden.

Alle Bewegungen, die deutlich langsamer oder schneller als fünf Tage verlaufen, profitieren nicht von diesem Effekt der Rückkehr zum Mittelwert. Dennoch ist es in diesen Fällen immer noch vorteilhaft, zu rollen, da man für das zusätzliche Abwärtsrisiko durch die erhöhte IV mehr als entschädigt wird. Man kann also hier immer noch einen Stop-Loss mit Wiedereinstieg setzen, wenn man dies möchte. Unserer Erfahrung nach werden durch die Einhaltung der 4-Tage-Regel sowohl die mentalen Kosten als auch die Rendite der Position gut gesteuert.

Wir haben hiermit unsere Untersuchung abgeschlossen, wie wir unseren SPY-Haupttrade optimal steuern können. Es ist nun an der Zeit, den Verkauf von Spreads auf andere Märkte auszuweiten. Dies wird uns helfen, ein diversifiziertes Portfolio, in dem alle Spreads unterschiedliche Risiken aufweisen, aufzubauen und die risikobereinigte Performance unserer Strategie weiter zu verbessern.

5

AUFBAU EINES PORTFOLIOS

Bis jetzt haben wir uns auf eine Optionsverkaufsstrategie konzentriert, die auf einen einzigen Trade ausgerichtet ist, den 2-wöchigen 90-96 SPY Put Spread mit einem ATM-Stop-Loss. In diesem Kapitel werden wir die Analyse auf andere Basiswerte ausweiten und auch den Verkauf von Call Spreads in Betracht ziehen. Durch den Handel mit einer breiteren Palette von Optionen sind wir in der Lage, eine robustere Trading-Strategie mit geringerem Risiko und potenziell höheren Renditen zu entwickeln.

Wichtigste Erkenntnisse:

1. Wenn wir unsere Optionsverkaufsstrategie über ein Portfolio aus verschiedenen Spreads diversifizieren, verringern wir die Wahrscheinlichkeit eines Maximalverlusts für das Portfolio.
2. Da die Optionsprämien im Zeitverlauf stark schwanken, sollten wir eine große Auswahl an Spreads haben, die wir einsetzen können, um unsere Chancen auf die Generierung beständiger Erträge zu verbessern.
3. SPY Put Spreads haben eine mehr als doppelt so hohe mittlere Rendite wie vergleichbare Spreads auf TLT und GLD – daher ihre herausgehobene Position als unser Haupttrade.

4. Als unsere Standard-Portfoliolösung betrachten wir ein „vernünftiges“ Portfolio, das unseren SPY-Haupttrade in andere Spreads mit einer geringen Wahrscheinlichkeit eines gleichzeitigen Maximalverlusts diversifiziert.
5. Es können zwar noch ausgefeilterte und besser optimierte Portfolios erstellt werden, aber für die meisten Anleger sind diese eher als Anschauungshilfe gedacht, da sie komplexer sind und im Allgemeinen geringere Renditen erzielen.
6. Jeder Trader hat seine eigene, unverwechselbare Risikotoleranz. Sobald ein Trader seine wichtigste Risikokennzahl ermittelt hat, kann er die Portfoliopositionen auf das maximale Risikoniveau ausrichten, mit dem er sich wohlfühlt.

Beweggründe

Der SPY-Haupttrade, den wir bisher vorgestellt haben, ist attraktiv und einfach. Warum sollten wir also über diesen einen Trade hinausgehen? Es gibt eine paar gute Gründe für den Handel mit einer breiteren Auswahl von Spreads. Sehen wir sie uns im Folgenden an.

Erstens wollen wir unsere Möglichkeiten zum Verkauf von Optionen erweitern, um unseren potenziellen Maximalverlust zu minimieren. Denken Sie daran, dass wir bei unserer aktuellen Strategie mit einem 2-wöchigen 90-96 SPY Put Spread mit ATM-Stop-Loss zu jedem Zeitpunkt ein Risiko von 200 Basispunkten (100 Basispunkte pro Woche) eingehen. Da sich beide Trades auf denselben Basiswert stützen, wird unser Verlustrisiko leider nur durch Unterschiede beim Einstiegszeitpunkt (der den Ausübungspreis und die implizite Volatilität beeinflusst) gesenkt. Wenn wir das Portfolio jedoch in zwei verschiedene Basiswerte aufteilen könnten, ließe sich das unmittelbare maximale Risiko von 200 Basispunkten auf einen etwas niedrigeren Wert reduzieren.

Dies setzt natürlich voraus, dass die beiden Trades nicht gleichzeitig den Punkt des Maximalverlusts erreichen – eine entscheidende

Annahme zur Korrelation, auf die wir in diesem Kapitel näher eingehen werden. Das ideale Szenario besteht darin, dass die beiden Trades nicht miteinander korrelieren – wenn dies der Fall ist, kann der potenzielle Verlust auf nur 100 Basispunkte reduziert werden! Außerdem müssen wir Trades mit ähnlichen Renditen wie bei unserem SPY-Trade finden, eine empirische Frage, die wir ebenfalls in Kürze erörtern werden.

Für viele ist ein Maximalverlust von 200 Basispunkten wahrscheinlich nicht besonders Stress auslösend, aber die meisten Trader werden diesen Wert um das **5- bis 10-Fache** erhöhen wollen, um ein bestimmtes Renditeziel zu erreichen, und dann riskieren Sie zu jedem Zeitpunkt einen Verlust von zehn bis 20 Prozent. Am Ende dieses Kapitels werden wir das Thema der Risikoskalierung zur Erreichung von Renditezielen behandeln.

Abbildung 5.1 Wöchentlich eingenommene Prämie beim Verkauf von 2-wöchigen SPY 90-96 Put Spreads mit einem Risiko von 100 Basispunkten; 1. Januar 2013 bis 31. August 2023

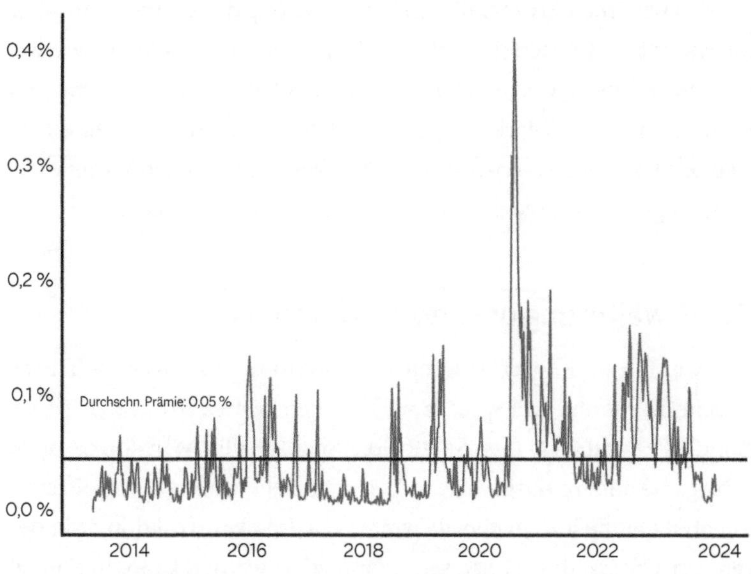

Der zweite gute Grund, über unseren SPY-Trade hinauszugehen, besteht darin, dass die Prämie, die wir für den Verkauf eines bestimmten Spreads einnehmen, im Zeitverlauf schwankt. Abbildung 5.1 zeigt die Prämie, die wir beim Verkauf des 2-wöchigen 90-96 SPY Put Spreads jede Woche während unseres Rückblickzeitraums einnehmen. Während der langfristige Durchschnitt bei attraktiven 0,05 Prozent liegt, kann die Prämie erheblich schwanken.

Wenn diese Prämie niedrig ist, werden wir den Spread nicht verkaufen wollen, sofern wir es nicht müssen, da das Risiko-Rendite-Verhältnis nicht zu unseren Gunsten ausfällt (das heißt, wir werden nicht ausreichend für das eingegangene Risiko bezahlt). So ist es zum Beispiel sehr reizvoll, zehn Basispunkte zu erhalten und gleichzeitig 100 Basispunkte zu riskieren. Einen Basispunkt zu erhalten und dafür 100 Basispunkte zu riskieren, ist hingegen weniger Erfolg versprechend.

Daher muss man über eine ganze Reihe von Spreads verfügen, die man gegebenenfalls verkaufen kann, um immer wieder überzeugende Gelegenheiten für den Verkauf von Optionen zu finden. In Kapitel 6 werden wir einen Prozess für die Überwachung der Prämien, die über Basiswerte und Seiten (Put oder Call) eingenommen werden, vorstellen und erläutern, wie man Portfolios aufbaut, die sich ständig mit den Chancen auf dem Markt weiterentwickeln. Im restlichen Teil dieses Kapitels konzentrieren wir uns auf die eher strategischen Vorteile des Hinzufügens von Trades, um Abwärtsrisiken zu minimieren.

Die Erweiterung unseres Universums

Wir werden nun unser Trading-Universum um vier weitere Trades erweitern: Put und Call Spreads auf TLT (den iShares 20+ Year Treasury Bond ETF) und GLD (den SPDR Gold Shares ETF). Man könnte noch zahlreiche andere Basiswerte in Betracht ziehen, aber es ist hilfreich, es vorerst einfach zu halten, da wir die Portfoliokonstruktion diskutieren, ein Thema, das schnell sehr kompliziert werden kann. In Kapitel

6 werden wir einen Trade-Screening-Prozess in Echtzeit vorstellen, der es Ihnen ermöglicht, das Portfolio auf einfache Weise um Spreads auf weitere Basiswerte zu erweitern.

Abbildung 5.2 zeigt die Renditeprofile dieser vier neuen Optionsverkaufsstrategien, immer noch mit einem Risiko von 100 Basispunkten pro Woche bei einer 2-Wochen-Option (200 Basispunkte Maximalverlust zu jedem Zeitpunkt), wobei wir Ausübungspreise mit einem ähnlichen Risikoprofil wie bei unserem SPY-Haupttrade gewählt und keine Risikomanagement-Instrumente wie Stop-Losses eingeführt haben. Durch die Abstimmung der Risikoprofile (Volatilität und Gewinnrate) ermöglichen wir es dem Benutzer, unser ATM-Stop-Loss-System problemlos zu erweitern, da die genaue Wahl eines ATM-Stop-Loss stark davon abhängt, dass die Wahrscheinlichkeit, unseren Verkaufsausübungspreis zu treffen, weder zu hoch noch zu niedrig ist. Denken Sie daran, dass wir nicht durchgängig zu früh oder zu spät ausgestoppt werden wollen, da wir sonst die Attraktivität unserer Strategie verringern.

Die auffälligste Erkenntnis von Abbildung 5.2 ist, dass die mittlere Rendite bei unserem ursprünglichen SPY-Trade bei Weitem am höchsten ist, ein Hauptgrund dafür, dass wir diesen Trade in den Mittelpunkt unserer ultimativen Strategie gestellt haben (zusätzlich zu einem Liquiditätsprofil, das sich deutlich von den anderen abhebt).

Abbildung 5.2 Risiko-Rendite-Daten für verschiedene Spread-Verkaufsstrategien mit ähnlichen Risikoprofilen; 1. Januar 2013 bis 31. August 2023

	2W 90-96 SPY Put Spread	2W 109-105 GLD Call Spread	2W 91-95 GLD Put Spread	2W 108-104 TLT Call Spread	2W 93-96 TLT Put Spread
Mittlere Rendite (BPS)	1,81	0,92	0,87	0,70	0,93
Rendite-Volatilität (BPS)	14,05	10,11	10,31	14,03	15,06
Mittlere Rendite (BPS)/Rendite-Volatilität (BPS)	0,13	0,09	0,08	0,05	0,06
Mittlerer Verlust (BPS)	-44,65	-34,14	-35,51	-41,01	-41,38
Gewinnrate (%)	94,70	95,63	95,93	93,98	93,46

Dies verdeutlicht auch, warum die langfristige Renditesteigerung bislang nicht als Grund für die Erweiterung unseres Trading-Universums aufgeführt wurde, da die Renditen aller anderen Trades empirisch gesehen unter der Rendite unseres SPY-Haupttrades liegen. Der wichtigste strategische Vorteil dieser Gruppe von hochliquiden Trading-Strategien besteht darin, dass sie zur Diversifizierung von Portfolios und der Minimierung potenzieller Verluste beitragen.

Bevor wir die Portfolios dieser fünf Trades analysieren, wollen wir ein offensichtliches, bislang nicht angesprochenes Problem angehen: Warum haben wir keine SPY Calls in unsere neue Liste potenzieller Trades aufgenommen? Abbildung 5.3 zeigt die fünf Rahmen für die Auswahl der Ausübungspreise für SPY Calls – das gleiche Konzept, das wir in Kapitel 3 für die Auswahl unserer SPY-Ausübungspreise verwendet haben, und das Instrument, das wir verwendet haben, um die risikogerechten Ausübungspreise für TLT und GLD in Abbildung 5.2 zu finden. Sie werden in Bild A sofort feststellen, dass der Verkauf von Call Spreads regelmäßig ein Verlustgeschäft ist. Hierfür gibt es zwei Hauptgründe.

Bedenken Sie zunächst, dass Sie einen Call Spread verkaufen. Sie verkaufen eine Absicherung gegen einen kleinen Gewinn (den niedrigeren Ausübungspreis) und kaufen eine Absicherung gegen einen großen Gewinn zurück (den höheren Ausübungspreis). Aus den in Kapitel 1 erläuterten Verhaltensgründen gibt es nur wenige Verkäufer dieses enormen Gewinnpotenzials (des höheren Ausübungspreises). Tatsächlich konkurrieren Sie mit ihnen! Infolgedessen sind die Daten für den Kauf dieser als zutiefst OTM einzustufenden Call-Optionen verheerend, wie in Kapitel 1 beschrieben. Zweitens setzen wir uns durch den Verkauf der nah am Geld liegenden Call-Option dem Aufwärtstrend der Aktienmärkte aus, den sprichwörtlichen „Aktien auf lange Sicht“. Insbesondere in den letzten Jahrzehnten haben wir eine zunehmende Tendenz des Marktes beobachtet, die Erwartungen für diese nah am Geld liegenden Ausübungspreise zu übertreffen. Ob es sich dabei um ein zyklisches Phänomen handelt oder ob dies mit allgemeineren Aspekten der sich verändernden Marktstruktur zusammenhängt, ist Gegenstand heftiger Debatten unter Marktexperten und Wissenschaftlern. Wir können uns dieser Debatte ganz einfach entziehen, indem wir auf die Call Spreads verzichten.

Abbildung 5.3 Auswahlrahmen für den Verkauf von SPY Call Spreads (2-wöchig); 1. Januar 2013 bis 31. August 2023

A. Mittlere Rendite (BPS)

Long Moneyness \ Short Moneyness	109,0	108,0	107,0	106,0	105,0	104,0	103,0	102,0	101,0	100,0
110,0										
109,0										
108,0					-0,00	-0,29	-0,69	-1,17	-1,76	-2,54
107,0					-0,20	-0,47	-0,93	-1,54	-2,03	-2,72
106,0						-0,62	-1,27	-2,13	-2,77	-3,68
105,0						-1,32	-1,73	-2,57	-3,30	-4,22
104,0							-2,15	-2,95	-3,59	-4,61
103,0								-3,83	-4,64	-5,82
102,0									-5,44	-6,99
101,0										-8,95

B. Rendite-Volatilität (BPS)

Long Moneyness \ Short Moneyness	109,0	108,0	107,0	106,0	105,0	104,0	103,0	102,0	101,0	100,0
110,0										
109,0										
108,0					14,70	15,82	18,12	20,87	23,90	27,04
107,0					17,62	17,77	20,03	23,04	26,42	29,85
106,0						19,93	22,64	26,24	30,10	33,86
105,0						25,34	27,34	30,94	35,14	39,29
104,0							33,40	37,30	42,09	46,80
103,0								46,09	51,91	57,47
102,0									65,39	72,37
101,0										93,25

C. Mittlere Rendite (BPS)/Rendite-Volatilität (BPS)

Long Moneyness \ Short Moneyness	109,0	108,0	107,0	106,0	105,0	104,0	103,0	102,0	101,0	100,0
110,0										
109,0										
108,0					-0,00	-0,02	-0,04	-0,06	-0,07	-0,09
107,0					-0,01	-0,03	-0,05	-0,07	-0,08	-0,09
106,0						-0,03	-0,06	-0,08	-0,09	-0,11
105,0						-0,05	-0,06	-0,08	-0,09	-0,11
104,0							-0,06	-0,08	-0,09	-0,10
103,0								-0,08	-0,09	-0,10
102,0									-0,08	-0,10
101,0										-0,10

D. Mittlerer Verlust (BPS)

Long Moneyness \ Short Moneyness	109,0	108,0	107,0	106,0	105,0	104,0	103,0	102,0	101,0	100,0
110,0										
109,0										
108,0					-51,58	-33,19	-30,77	-28,16	-25,47	-25,26
107,0					-61,66	-41,99	-35,83	-31,53	-29,20	-28,56
106,0						-51,16	-43,46	-37,22	-34,28	-33,14
105,0						-71,65	-56,65	-44,79	-41,55	-39,33
104,0							-73,09	-58,05	-51,21	-47,41
103,0								-75,43	-65,49	-59,96
102,0									-82,27	-72,81
101,0										-88,40

E. Gewinnrate (%)

Long Moneyness \ Short Moneyness	109,0	108,0	107,0	106,0	105,0	104,0	103,0	102,0	101,0	100,0
110,0										
109,0										
108,0					95,69	90,82	85,30	76,87	64,82	54,70
107,0					95,29	91,70	85,98	76,83	65,76	55,74
106,0						91,68	86,26	76,66	65,53	55,30
105,0						91,28	86,59	76,47	65,99	55,60
104,0							86,28	76,98	66,01	55,40
103,0								76,04	64,93	54,68
102,0									62,23	50,54
101,0										44,24

FÜR FORTGESCHRITTENE: IMPLIZITE VS. REALISIERTE VOLATILITÄT

In Kapitel 3 haben wir das erweiterte Ökosystem der Optionen erläutert und eine Neigung zum Verkauf von Optionen unterstützt, wenn damit eine zusätzliche Prämie aufgrund von Verhaltensmustern der Käufer verbunden ist. In Fachkreisen wird dies durch den Vergleich der impliziten Volatilität mit der realisierten Volatilität analysiert. Wenn die implizite Volatilität höher ist als die realisierte Volatilität, dann gibt es in der Tat eine verhaltensbedingte Prämie, die von den Optionskäufern geschaffen wurde.

Um die Volatilität zu bewerten, stellen wir die Verteilung der mit SPY realisierten Renditen der Häufigkeit der Renditen gegenüber, die aufgrund der impliziten Volatilität erwartet werden. Abbildung 5.4 zeigt die realisierte Häufigkeit der SPY-Renditen als Säulen und in der Spitze eine Überlagerung der erwarteten Häufigkeit der Renditen aus

Abbildung 5.4 SPY: implizite vs. realisierte Volatilität, 1996-2023

der impliziten Volatilität (Marshall, Prakash, J. und Medarametla, 2023). Wie Sie sehen, gibt es links vom ATM-Wert, wo wir Puts verkaufen, viele Renditeniveaus, bei denen die realisierte Höhe der Renditen geringer ist als die, die mit der impliziten Volatilität des Optionsmarkts verbunden ist. Diese Punkte erscheinen als sichtbarer weißer Bereich zwischen dem Liniendiagramm und den Säulen.

Auf der anderen Seite sehen wir bei positiven Renditeereignissen nicht viele Fälle, in denen die implizite Verteilung über der realisierten Verteilung liegt. Das Gegenteil ist der Fall: Die Call-IV ist im Vergleich zu der realisierten Volatilität oft zu niedrig, was darauf hindeutet, dass es klüger wäre, Calls zu kaufen, anstatt sie zu verkaufen.

Es ist sehr wichtig zu erkennen, dass der Unterschied zwischen impliziter und realisierter Volatilität nur dann von Bedeutung ist, wenn er im Zusammenhang mit extrem vielen Trades betrachtet wird. Eine implizite Volatilität, die über der realisierten Volatilität liegt, kann als „Hausvorteil" für ein Casino (oder eine Versicherungsgesellschaft) betrachtet werden. Das bedeutet jedoch nicht, dass wir jede Wette gewinnen, wenn die realisierte Volatilität unter der impliziten Volatilität liegt, so wie auch ein Casino nicht jede Wette gewinnen wird.

Auf diese Art und Weise ermitteln quantitative Strategen Verhaltensmuster; wir befragen keine Menschen und messen nicht ihre Irrationalität. Wir betrachten einfach die implizite gegenüber der realisierten Volatilität.

Ein „vernünftiges" Portfolio

Wir sind nun bereit, unser erstes Portfolio zu erstellen. Wie bereits erwähnt, besteht unser wichtigster Beweggrund für die Aufnahme zusätzlicher Trades in unser Portfolio darin, unseren Maximalverlust zu jedem beliebigen Zeitpunkt zu verringern. Anstatt nur eine SPY-Strategie zu verfolgen, die die attraktivste risikobereinigte Rendite der Gruppe aufwies, können wir nun eine kleinere Position in SPY zusammen mit einigen anderen Positionen halten, um immer noch ähnliche Renditen zu erzielen, jedoch mit einem wesentlich geringeren Maximalverlust. Dies ist ein einfaches Beispiel für den Aufbau eines diversifizierten Portfolios, das sich auf die Diversifizierung des Maximalverlusts konzentriert. Bei der Portfoliodiversifizierung sollten auch andere Risikokennzahlen (zum Beispiel die Volatilität) berücksichtigt werden, aber konzentrieren wir uns vorerst auf die einzelne Kennzahl des Drawdowns.

Der wichtigste Schritt besteht nun darin, herauszufinden, welche Trades keine großen Verluste aufweisen, wenn unser SPY-Haupttrade einen erheblichen Verlust verzeichnet. Hierfür müssen wir uns zunächst darauf einigen, was wir unter einem „großen Verlust" verstehen. Da bei unserem SPY-Trade der Tail zu zehn Prozent OTM zurückgekauft wird, denken wir in der Regel an Situationen, in denen SPY über ein bis zwei Wochen zehn Prozent oder mehr verlieren würde und wir den maximal möglichen Verlust bei unserem Spread mit gedeckeltem Risiko verzeichnen würden.

Gefühlsmäßig geschieht dies nur bei großen Risikoereignissen wie der globalen Pandemie 2020. Bei solchen Ereignissen würden wir erwarten, dass sowohl Gold (GLD) als auch Staatsanleihen (TLT) aufgrund der „Flucht in die Sicherheit" rasant zulegen. Die Rolle dieser beiden Basiswerte als „Sicherheits"-Trades legt nahe, dass ein Portfolio, in dem neben unserem SPY-Haupttrade auch GLD-Puts und TLT-Puts verkauft werden, gleichzeitige Maximalverluste in mehreren Spreads vermeiden dürfte, wenn SPY einen großen Drawdown aufweist und sich unser SPY-Spread stark gegen uns entwickelt.

Schauen wir, ob wir diese intuitive Annahme mit einigen Daten belegen können. Abbildung 5.5 zeigt die Verluste bei unseren fünf Trades in jedem Fall, in dem mit dem SPY Put Spread Geld verloren wurde, und sei es auch nur ein winziger Betrag. Wie bereits erwähnt konzentrieren wir uns auf Situationen mit Maximalverlusten für SPY, also Situationen, bei denen die entsprechende Säule einen Verlust von fast 100 Basispunkten anzeigt.

Abbildung 5.5 Spread-Verluste bei jedem Verlust eines SPY Trades – Maximalverlust von 100 Basispunkten; 1. Januar 2013 bis 31. August 2023

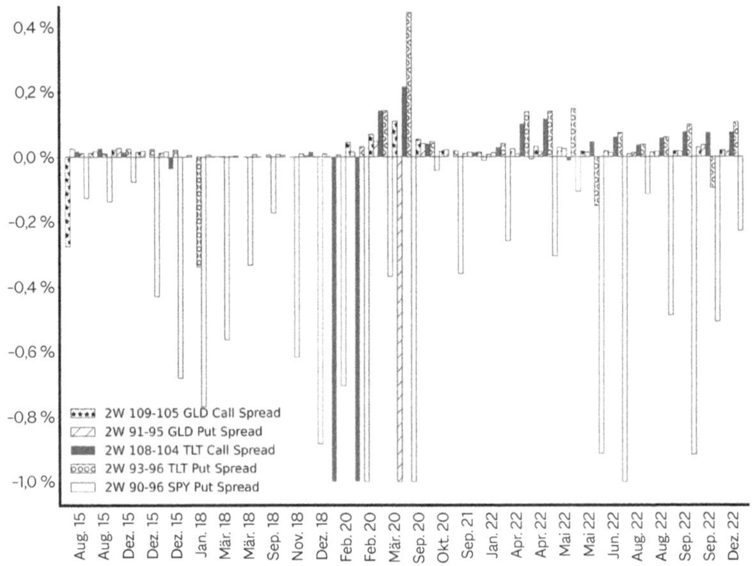

Am „schlechtesten“ von unseren vier Diversifizierern haben die TLT-Calls abgeschnitten, die während der Coronapandemie stark angestiegen sind, genau wie wir es bei einer „Flucht in die Sicherheit“ erwarten würden. Wir sehen auch ein Ergebnis, das unserem ursprünglichen Gefühl zuwiderläuft, da Gold (GLD) in den späteren Phasen der Pandemie stark abgestoßen wurde. Leider ist dieses Ergebnis ein Nebenprodukt des Einsatzes einer Hebelwirkung in Portfolios. Denken Sie daran, dass eine unserer Aufgaben als Optionsverkäufer darin besteht, den Marktteilnehmern eine Hebelwirkung zu bieten. Wenn Portfolios Verluste erleiden, sind sie manchmal gezwungen, diese Hebelwirkung zurückzunehmen. Wenn dies geschieht, fallen alle Basiswerte im Preis. Wahrscheinlich haben Sie über diese Ereignisse in der Finanzpresse gelesen, zusammen mit Bemerkungen wie „die Zusammenhänge haben sich unerwartet verändert“ oder „in einer Krise läuft alles auf eines hinaus“. Hoffentlich verstehen Sie diese Ereignisse jetzt ein wenig besser.

Aus praktischen Gründen müssen wir diese Sonderfälle leider als „Kosten der Geschäftstätigkeit“ betrachten und einfach sicherstellen, dass unser Risikoprofil das Potenzial für diese gleichzeitigen Verluste angemessen berücksichtigt. Daher werden wir weiterhin davon ausgehen, dass bei einem stark auf SPY-Puts ausgerichteten Portfolio das größte Risiko für gleichzeitige Verluste auf der Call-Seite von GLD liegt, während wir unser Portfolio stets so gestalten, dass es die geringe Wahrscheinlichkeit des Risikos eines Scheiterns unserer Diversifizierung widerspiegelt.

Da wir davon ausgehen, dass TLT- und GLD-Puts im Allgemeinen nicht gleichzeitig mit unserem Haupttrade, dem SPY Put Spread, Verluste verzeichnen dürften, stellen wir ein „vernünftiges“ Portfolio mit 50 Prozent SPY Put Spread, 25 Prozent GLD Put Spread und 25 Prozent TLT Put Spread zusammen. Aufgrund ihrer vorteilhaften Renditen halten wir weiterhin eine große Position in SPY Put Spreads und diversifizieren dann gleichmäßig zwischen GLD- und TLT-Puts, da deren Rendite- und Risikoprofile sehr ähnlich sind, aber das Potenzial haben, gleichzeitige Verluste zu minimieren. Wann immer Sie in mehrere unterschiedliche Trades mit ähnlichen Renditeprofilen diversifizieren können, sollten Sie dies tun!

Abbildung 5.6 vergleicht dieses „vernünftige“ Portfolio mit einem 100%-Portfolio unserer Strategie des 2-wöchigen 90-96 SPY Put Spreads. Da wir nun über Portfolios sprechen, werden wir anfangen, Daten zu verwenden, die eher für die Untersuchung kompletter Strategien als für einzelne Trades üblich sind. Wir verwenden jetzt Daten wie auf Jahresbasis umgerechnete Rendite und Volatilität. Außerdem haben wir den maximalen Drawdown eingeführt, das heißt das größte Absinken von der „Hochwassermarke“ während des gesamten Backtesting-Zeitraums.

Abbildung 5.6 Vernünftiges Portfolio: Strategie mit 50 % 2-wöchigem 90-96 SPY Put Spread, 25 % 2-wöchigem 94-97 TLT Put Spread und 25 % 2-wöchigem 91-95 GLD Put Spread; 1. Januar 2013 bis 31. August 2023

	2W 90-96 SPY Put Spread	Vernünftiges Portfolio
Annualisierte Rendite	0,94 %	0,67 %
Annualisierte Volatilität	1,48 %	0,88 %
Ann. Rendite/Ann. Volatilität	0,64	0,76
Maximaler Drawdown	3,79 %	2,03 %
Ann. Rendite/Max. Drawdown	0,25	0,33

Wir sehen, dass wir den maximalen Drawdown um fast 50 Prozent reduziert haben, während die Rendite nur um etwa 30 Prozent gesunken ist. Das ist zwar nicht so extrem, wie wir es uns erhofft hatten, nämlich eine Risikoreduzierung ohne jegliche Auswirkung auf die Renditen (eine verzerrte Beschreibung, um den Sachverhalt zu verdeutlichen), aber es ist eine realistische und willkommene Reduzierung der Rendite, die wir für die Reduzierung des maximalen Drawdowns in Kauf nehmen.

Beachten Sie auch, dass die Volatilität um etwa 40 Prozent gesunken ist. Die Kombination aus 30 Prozent niedrigeren Renditen und einer 40 Prozent niedrigeren Volatilität führt zu einer risikobereinigten Renditerate, die von 0,64 auf 0,76 ansteigt – ein sehr schöner Gewinn. Ausgehend von zwei unterschiedlichen Risikobetrachtungen haben wir also unsere risikobereinigten Renditen mit dem einfachen Risikomanagement-Konzept der Vermeidung von gleichzeitigen Maximalverlusten verbessert.

Optimierte Portfolios

Der bisherige Vorschlag für den Portfolioaufbau war einfach und basierte auf dem offensichtlichsten der Konzepte für das Management von Abwärtsrisiken: Vermeidung eines unnötig großen, maximal möglichen Verlusts zu einem extremen Zeitpunkt. Aber die Optimierung eines Portfolios kann noch viel anspruchsvoller sein.

Abbildung 5.7 zeigt unser „vernünftiges" Portfolio neben zwei Portfolios, die von Optimierungsalgorithmen generiert wurden. Der erste erzeugt ein Portfolio, bei dem das Verhältnis von Rendite und Volatilität maximiert wird. Wie Sie sehen, steigt dieses Verhältnis plötzlich von 0,76 auf 0,95, und zwar auf Kosten niedrigerer Renditen, ähnlich dem Muster, das wir beobachtet haben, als wir von einer reinen SPY-Strategie zu unserem „vernünftigen" Portfolio gewechselt sind (Abbildung 5.6).

Wie hat der Optimierer das höhere Rendite/Volatilitäts-Verhältnis erreicht? Sehen Sie sich die Portfoliogewichtung in der unteren Hälfte von Abbildung 5.7 an. Der Optimierer hat sich an zwei Sachverhalten orientiert. Erstens: Nach SPY stammen die nächstbesten Rendite/Volatilitätsdaten zur Maximierung dieses Werts aus den GLD-Trades (siehe Abbildung 5.2). Zweitens: Da sich die GLD-Calls und -Puts definitionsgemäß nicht synchron zueinander bewegen, ist es von großem Vorteil, diese zu kombinieren, um die Volatilität zu minimieren. Der Optimierer hat festgestellt, dass der Verkauf *sowohl* von Put *als auch* Call Spreads auf GLD der beste Trade ist. Sie können den Effekt dieser beiden kombinierten Positionen deutlich daran erkennen, dass das Risiko bei GLD (und nicht bei TLT) beherrscht und dann gleichmäßig auf Calls und Puts verteilt wird.

Auch hier lassen sich die Ergebnisse durch intuitive Faktoren erklären. Wie Meme-Aktien ist auch Gold ein Vermögenswert, der leidenschaftliche Hingabe bei seinen Anhängern (oder massive Ablehnung) hervorruft. Ähnlich wie bei Aktien ist auch bei GLD das Bedürfnis nach einer Hebelwirkung in beide Richtungen und einer Absicherung gegen das Abwärtsrisiko hoch. Bedenken Sie auch, dass der Optimierer den Verkauf von Call Spreads auf Anleihen (TLT) eliminiert und ihn auf 1,26 Prozent beim Rendite/Volatilität-Verhältnis und 0 Prozent

Abbildung 5.7 Vernünftiges Portfolio im Vergleich zu Portfolios mit maximiertem Verhältnis von Rendite und Volatilität und maximiertem Verhältnis von Rendite und maximalem Drawdown; 1. Januar 2013 bis 31. August 2023

	Vernünftiges Portfolio	Maximum (Rendite/Volatilität)	Maximum (Rendite/ Max. Drawdown)
Annualisierte Rendite	0,67 %	0,53 %	0,46 %
Annualisierte Volatilität	0,88 %	0,56 %	0,61 %
Ann. Rendite/Ann. Volatilität	0,76	0,95	0,75
Maximaler Drawdown	2,03 %	1,07 %	0,68 %
Ann. Rendite/Max. Drawdown	0,33	0,50	0,67
2W 90-96 SPY Put Spread	50,00 %	23,17 %	9,16 %
2W 109-105 GLD Call Spread	0,00 %	34,81 %	35,36 %
2W 91-95 GLD Put Spread	25,00 %	31,17 %	26,96 %
2W 108-104 TLT Call Spread	0,00 %	1,26 %	0,00 %
2W 93-96 TLT Put Spread	25,00 %	9,59 %	28,53 %

beim maximalen Drawdown senkt. Wir sehen, dass der Optimierer intuitiv die mit risikofreien Anleihen verbundene „Flucht in die Sicherheit“ erkennt.

Wenden wir uns nun der Maximierung des Verhältnisses von Rendite und Drawdown zu. Der Algorithmus hält an dem GLD-Call-/Put-Paradigma fest, berücksichtigt aber jetzt auch die Strategie mit dem höchsten Drawdown-Beitrag (SPY) und verlagert die Gewichtung auf den niedrigsten Drawdown-Beitrag mit der bestmöglichen Rendite (TLT-Puts). TLT-Puts und -Calls haben ähnliche Drawdowns, aber die Puts schneiden deutlich besser ab als die Calls *und* bieten den Vorteil der „Flucht in die Sicherheit“, weshalb sie bevorzugt werden. Die Renditen werden auch hier beschnitten, um die Drawdowns unserer ursprünglichen Nur-SPY-Strategie um mehr als 80 Prozent zu reduzieren. Zwar wurde die Rendite in diesem Prozess um 50 Prozent gesenkt, aber dafür ist das Verhältnis von Risiko und maximalem Drawdown von 0,25 auf 0,67 gestiegen!

FÜR FORTGESCHRITTENE: EFFIZIENTE GRENZEN

Wenn Sie sich auf das unbekannte Terrain der Portfolio-Optimierung begeben, werden Sie zweifellos auf Diagramme wie das in Abbildung 5.8 stoßen. Hier stellen wir die Rendite und die Volatilität jedes möglichen Portfolios dar, das man mit unseren fünf Haupttrades bilden kann. Die Volatilität ist natürlich nur eine mögliche Kennzahl für das Risiko und Sie können dieses Diagramm genauso gut mit jeder beliebigen anderen Risikokennzahl (zum Beispiel Maximalverlust, Drawdown und so weiter) erstellen. In diesem Beispiel betrachten wir die Volatilität, da sie die am häufigsten verwendete Risikokennzahl bei der Verwaltung von Portfolios ist. Die Linie im Diagramm wird als „effiziente Grenze“ bezeichnet und stellt das Portfolio mit der geringsten Volatilität für jedes mögliche Renditeniveau dar. Wir wollen immer sicherstellen, dass sich unser Portfolio irgendwo in der Nähe dieser

Linie befindet. Andernfalls gehen wir mit unserem Portfolio ineffizient um, da wir für dasselbe Renditeziel ein geringeres Risiko eingehen könnten. Wie Sie sehen, liegt unser „vernünftiges" Portfolio nah an der effizienten Grenze und ist damit aus unserer Sicht effizient genug.

Abbildung 5.8 Effiziente Grenze

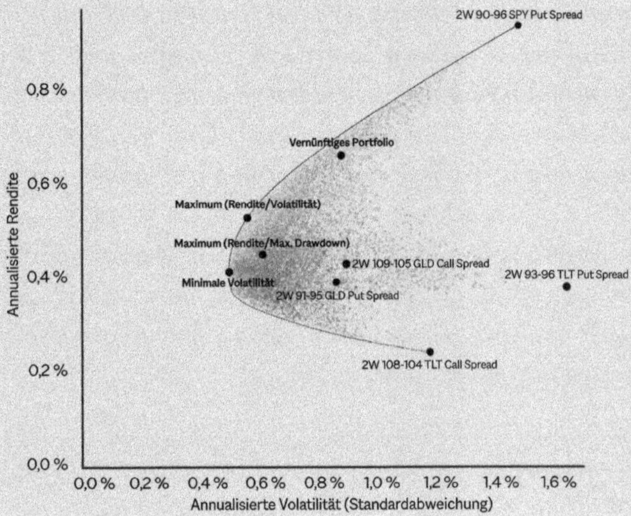

Diese Optimierungen geben Ihnen ein gutes Gespür dafür, wie Sie Ihre eigenen Portfolios aufbauen können. Die wichtigste Entscheidung ist die zwischen Rendite und Risiko. Wenn Sie sich auf Trades mit hoher Rendite konzentrieren, gehen Sie mehr Risiko ein. Wenn Sie sich auf die Minimierung von Drawdowns konzentrieren, dem extremen Gegenteil von Renditen, werden Sie Ihre Renditen senken. Nun müssen wir aber davor warnen, Optimierungen über ihren hilfreichen intuitiven Zweck hinaus zu verwenden.

Für die Optimierungsergebnisse in Abbildung 5.7 wurden Daten aus einem historischen Zeitraum verwendet, um das „optimale Portfolio" für *genau diesen* Zeitraum zu erstellen. Dies ist eine sogenannte

„In sample“-Analyse (also innerhalb der Stichprobe) und sollte sofort mit Skepsis betrachtet werden. Wenn Sie ein optimales Portfolio für eine bekannte Reihe von Ergebnissen erstellen, werden Sie natürlich phänomenale Ergebnisse erzielen. Das ist ein bisschen so, als würde man einen Test mit dem Lösungsblatt vor sich auf dem Tisch schreiben. Die eigentliche Herausforderung besteht darin, beeindruckende „Out of sample“-Portfolios (also außerhalb der Stichprobe) zu erstellen, bei denen die Ergebnisse Ihres Portfolios über einen Zeitraum gemessen werden, der nach dem Datensatz liegt, der zur Erstellung des optimalen Portfolios verwendet wurde. Wenn Sie die Ergebnisse eines optimierten Portfolios außerhalb der Stichprobe überprüfen, werden sie in der Regel deutlich weniger beeindruckend sein als die Ergebnisse innerhalb der Stichprobe. Die wichtigste Konsequenz hieraus ist, dass Sie die genauen Allokationszahlen mit Vorsicht genießen und sie eher als Leitfaden für die Entwicklung Ihres Gespürs verwenden sollten.

Abbildung 5.9 Rollierende 1-Jahres-Korrelation zwischen SPY und GLD bzw. TLT

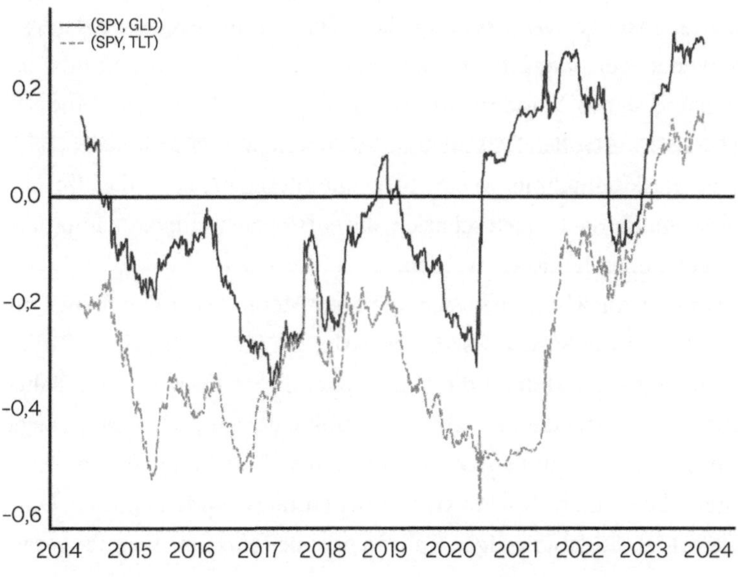

Aber es gibt noch ein weiteres großes Problem: Märkte sind dynamisch. Abbildung 5.9 zeigt die rollierenden 1-Jahres-Korrelationen zwischen SPY und GLD sowie SPY und TLT. Wie Sie sehen, ändern sich die Korrelationen im Zeitverlauf dramatisch. Beachten Sie zum Beispiel den Anstieg der Korrelation zwischen TLT und SPY während der Zinserhöhungsphase 2022/2023. Wenn Sie sich auf frühere Korrelationsannahmen zwischen diesen beiden Basiswerten verlassen hätten, hätten Sie neben SPY-Puts auch TLT-Puts verkauft, was Sie in diesem „unerwarteten" Zeitraum in Bedrängnis gebracht hätte. Die Verwendung historischer Daten zur Formalisierung konkreter Allokationen und Portfolio-Risikoerwartungen ist eine große Herausforderung.

Zu verstehen, wie diese Instrumente von *anderen* Marktteilnehmern eingesetzt werden, ist oft ebenso wichtig wie die Entwicklung der Fähigkeiten, sie selbst zu nutzen. Warum ist das so? Wie inzwischen klar sein sollte, verwenden viele Großanleger genau diese Techniken bei der Zusammenstellung ihrer Portfolios. Sie alle sehen genau dieselben Daten wie Sie, aber sie haben möglicherweise nicht die gleiche Flexibilität wie Sie, um ein Portfolio entweder zu stoppen oder weiter zu diversifizieren. Der professionelle Anleger (zum Beispiel ein Rentenfondsmanager oder ein Manager eines Large-Cap-Aktienfonds) ist aufgrund seines Mandats oft im Nachteil, da es ihn daran hindert, diese sehr wertvollen Entscheidungen zu treffen. Wenn Sie sehen, dass mehr Marktteilnehmer in eine Strategie „drängen", kann dies Ihr Bewusstsein für die Risiken schärfen, die entstehen, wenn diese überfüllten Positionen liquidiert werden.

Unserer Ansicht nach besteht die beste Methode zur Erstellung und Verwaltung von Spread-Portfolios darin, das für *Sie* wichtigste Risiko einzuschätzen und dann die oben aufgeführten Konzepte als Richtschnur zu verwenden. Bei einem Portfolio, dessen Ziel es ist, in zwei Jahren ein Haus zu kaufen, macht man sich wahrscheinlich mehr Sorgen über einen Drawdown als über enttäuschende Renditen. Umgekehrt ist ein langfristiges Ruhestandsportfolio für einen jüngeren

Anleger wahrscheinlich weitaus stärker auf die Rendite als auf das Risiko eines Drawdowns ausgerichtet.

Je nachdem, zu welchem Ansatz Sie tendieren, sollten Sie darauf achten, dass Sie Ihre Methoden an der Entwicklung der Märkte ausrichten. Vermeiden Sie jedoch das Risiko einer „Überanpassung" Ihres Portfolios. Einfach ausgedrückt: Wenn der Unterschied zwischen einem optimierten Portfolio und Ihrem intuitiven Portfolio gering ist, bleiben Sie bei Ihrer Intuition. Wenn es einen großen Unterschied gibt, müssen Sie verstehen, warum Ihre Intuition das Marktverhalten nicht erfasst. Die Antwort liegt oft darin, dass der von Ihnen beurteilte Zeitraum zu kurz ist oder eine unbemerkte Veränderung der Marktstruktur beinhaltet. Unserer Meinung nach ist ein vernünftiger Ansatz, der dazu beiträgt, das Risiko großer gleichzeitiger Verluste zu verringern, und gleichzeitig einfach genug ist, um eine Beurteilung der Auswirkungen und des Risikos sich ändernder Marktordnungen zu ermöglichen, der beste Weg, den wir hier gehen können.

Festlegung von Risikoexposures

Bislang haben wir alle Strategien mit einem maximalen Risiko von 200 Basispunkten ausgeführt. Dies lag daran, dass wir die Berechnungen einfach halten wollten. Derartige Portfolios sind jedoch viel zu risikoavers, um die meisten Anlageziele zu erreichen, wie aus Abbildung 5.6 oben ersichtlich ist. In der Praxis werden diese Strategien mit einem höheren maximalen Risiko ausgeführt, üblicherweise in Einklang mit anderen risikoreichen Basiswerten. So würde ein zu 100 Prozent in SPY investiertes Long-Portfolio ein durchschnittliches wöchentliches Risiko von etwa 200 Basispunkten aufweisen, was ungefähr 20-mal höher ist als bei unseren Beispielen. Wir können diese Portfolios anpassen, indem wir unsere Trading-Volumina erhöhen, und gleichzeitig den Vorteil beibehalten, dass unsere Verluste nach wie vor gedeckelt sind.

Sobald Sie sich entschieden haben, wie Sie Ihr Portfolio zusammenstellen möchten – aus den in Abbildung 5.7 dargestellten Möglichkeiten oder anhand einer anderen Methode –, haben Sie offiziell die Risikokennzahl festgelegt, die für Sie relevant ist. Nehmen wir an, Sie möchten sich darauf konzentrieren, gleichzeitige Maximalverluste zu vermeiden, und Sie möchten dies in dem einfachen Format tun, das im „vernünftigen" Portfolio vorgegeben ist. In diesem Fall konzentrieren Sie sich auf den Maximalverlust als wichtigste Risikokennzahl, sodass es bei der Festlegung Ihres Risikoexposures nur darum geht, wie viel Maximalverlust Sie bereit sind, in Kauf zu nehmen. Im „vernünftigen" Portfolio liegen die maximalen Verlusterwartungen bei etwa einem Prozent. Wenn Sie also mit einem maximalen Sofortverlust von acht Prozent einverstanden sind, können Sie die Strategie um das 8-Fache erhöhen. Dies würde Ihnen eine Rendite von etwa 5,3 Prozent bescheren. Da Ihre Strategie keinen Einsatz von Barmitteln erfordert (Sie erinnern sich, dass wir Prämien erhalten), verdienen wir auch an den Bareinlagen auf unserem Konto, in der Regel Renditen von Schatzanweisungen. Plötzlich wird die Attraktivität deutlicher – 5,3 Prozent plus Rendite der Schatzanweisung sind derzeit höher als die historische Aktienrendite, und das bei geringerem Risiko!

Sie werden festgestellt haben, dass wir unseren ATM-Stop-Loss noch nicht in diese Diskussion einbezogen haben. Einige Trader, die wie die Autoren zu einer Portfoliokonstruktion unter Berücksichtigung des Maximalverlusts tendieren, werden hier auch die Vorteile ihrer Stop-Losses berücksichtigen. Während unser 8-fach gehebeltes „vernünftiges" Portfolio einen Maximalverlust von acht Prozent aufwies, unter der Annahme, dass sich unsere TLT- und GLD-Puts nicht synchron mit SPY entwickeln, ist unser erwarteter Maximalverlust aufgrund unseres ATM-Stop-Loss-Systems viel geringer. Das Risikoexposure, das Sie eingehen werden, könnte also eher von einem hybriden Entscheidungsprozess bestimmt sein, bei dem der Maximalverlust mit dem erwarteten Maximalverlust kombiniert wird.

Abbildung 5.10 zeigt den erwarteten Verlust unserer 2-wöchigen SPY-Spreads, jeweils mit einem maximalem Risiko von 100 Basispunkten, als Funktion der SPY-Rendite an einem einzigen Tag. Unser ATM-Stop-Loss greift bei einem Rückgang von vier Prozent, wobei der in einer Woche verfallende Spread nur um zehn Basispunkte und der in zwei Wochen verfallende Spread um 13 Basispunkte gefallen ist. Ein maximal möglicher Verlust von 200 Basispunkten entspricht also nur einem erwarteten Maximalverlust von nicht einmal 25 Basispunkten.

Abbildung 5.10 1-Tag-Szenario-Analyse: SPY-Haupttrade-Positionen vs. SPY

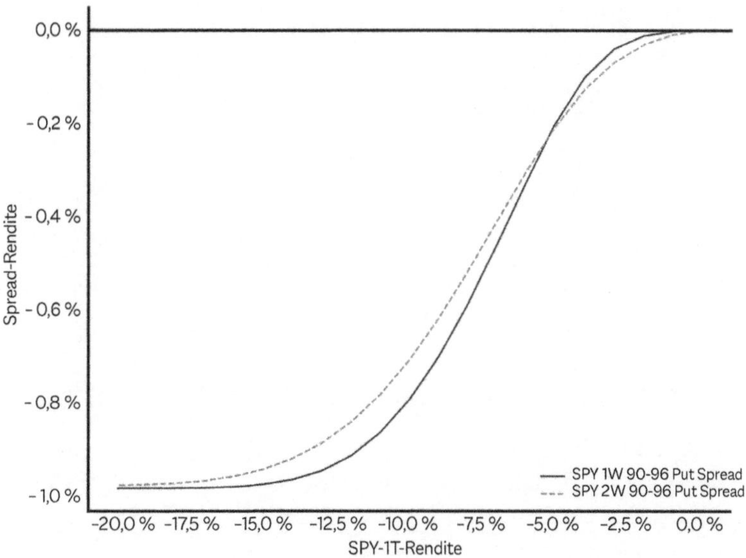

Das nächste Kapitel wird uns von der Theorie zur Praxis führen. Eine der wichtigsten Empfehlungen bei der Umsetzung dieser Strategie ist, es langsam anzugehen. Der wichtigste Grund dafür ist, dass Sie herausfinden müssen, wie gut Sie mit Risiken umgehen können. Niemand kann Ihnen vorschreiben, wie *Sie* das Risiko managen sollen; das ist letztlich eine persönliche Frage. Beginnen Sie damit, die Strategie in ihrer einfachsten Form anzuwenden, und achten Sie dabei auf Ihre eigene emotionale Verfassung. Ihre Reaktion auf Ihre Gewinne und Verluste wird Ihnen helfen, Ihr Risikoprofil zu erkennen, sodass Sie herausfinden können, welches Risikomanagement-Konzept für Sie am besten geeignet ist.

6

VON DER THEORIE ZUR PRAXIS

An dieser Stelle des Buchs verfügen Sie über das gesamte theoretische und empirische Wissen, das Sie für den intelligenten Verkauf von Optionen benötigen. Jetzt ist es an der Zeit zu lernen, wie man dieses Wissen in der realen Welt umsetzt, und eine hoffentlich unterhaltsame und lukrative Trading-Reise zu beginnen. In diesem Kapitel stellen wir Ihnen einen Prozess für die Auswahl von Trades in Echtzeit vor, gehen auf bewährte Trading-Methoden ein und geben Ihnen Anregungen, wie Sie die ersten sechs Monate mit dieser Strategie angehen sollten.

Wichtigste Erkenntnisse:

1. Ein Live-Optionen-Screener wird Ihr wichtigstes Tool für die Auswahl konkreter Spreads sein, die Sie in Ihrem Portfolio verkaufen möchten. Wir haben für unsere Leser unter www.tradingoptionslikethepros.com einen einfachen Optionen-Screener erstellt.
2. Die optimalen Spreads sind diejenigen mit der höchsten erwarteten Rendite, die gleichzeitig Ihr gewünschtes Risikoprofil erfüllen (hier definiert durch Gewinnrate und mittleren Verlust).
3. Platzieren Sie beim Trading immer Limit-Orders (Limitaufträge) und niemals Market-Orders (Marktaufträge).

4. Nutzen Sie eine Trading-Plattform, die Sie auf Ihrem Weg vom Anfänger zum professionellen Trader begleiten kann. Die Plattform sollte außerdem niedrige Provisionen verlangen und hilfreiche Trading-Tools anbieten.
5. Beginnen Sie mit dem Live-Trading, indem Sie einen einzelnen Spread-Kontrakt verkaufen, um sich mit der Gesamtheit Ihrer Trading-Technologien und dem Prozess des Tradings mit Limit-Orders vertraut zu machen. Beginnen Sie dann mit dem Trading eines einzelnen Spreads, um Ihre Emotionen während des Trades zu beobachten, und passen Sie dann die Ausübungspreise, das Trading-Volumen oder die Risikomanagement-Techniken an Ihre Persönlichkeit an.
6. Seien Sie sich Ihrer eigenen Verhaltensmuster als Stratege stets bewusst. Bestätigungsfehler, Aktualitätsverzerrungen und Selbstüberschätzung müssen überwacht und vermieden werden, um kontinuierlich ein profitables System zu betreiben.

Optionen-Screener

Der erste praktische Schritt bei der Live-Anwendung einer Optionsverkaufsstrategie besteht darin, zu entscheiden, an welchen Märkten Optionen verkauft werden sollen. In diesem Buch haben wir die Diskussion der Einfachheit halber auf nur drei Basismärkte beschränkt. Es gibt jedoch ein viel breiteres Spektrum von Basiswerten, die in Betracht gezogen werden müssen, und wir benötigen ein Echtzeitsystem, das in der Lage ist, die interessantesten Trades aus diesem sehr umfangreichen Spektrum herauszufiltern. In diesem Abschnitt beschreiben wir einen einfachen Screening-Prozess, mit dem dies möglich ist. Als Service für unsere Leser haben wir ihnen das in diesem Prozess verwendete Screening-Tool unter www.tradingoptionslikethepros.com zur Verfügung gestellt.

Ein Screener muss jedoch mehr können, als nur ein weites Netz auszuwerfen. Bislang haben wir die Trades (Basiswert, Seite und Ausübungspreise) auf der Grundlage langer historischer Rückblicke ausgewählt. Die Märkte entwickeln sich jedoch ständig weiter und Sie müssen immer sicherstellen, dass die heutige Situation immer noch die gleichen Chancen bietet wie die vergangene, mit der Sie vertraut sind. Sie könnten aufwachen und feststellen, dass ein Markt, an dem Sie jahrelang gehandelt haben, jetzt so niedrige Prämien bietet, dass es sich nicht mehr lohnt, diese Spreads zu verkaufen. Oder Sie wachen eines Tages auf und stellen fest, dass sich das Risiko eines Markts geändert hat, und Sie müssen Ihre Ausübungspreise entsprechend anpassen. Jedes Mal, wenn Sie einen neuen Spread verkaufen, müssen Sie sicherstellen, dass der Trade, den Sie tätigen, attraktiv ist und Ihrem gewünschten Risikoprofil entspricht.

Die andere wichtige Komponente aus der Praxis, die wir noch nicht besprochen haben, ist die Liquidität eines Spreads. Die Basiswerte, die wir in diesem Buch bisher betrachtet haben, sind alle hochliquide, leicht handelbare Wertpapiere. Und auch die meisten Optionen auf diese Wertpapiere sind ziemlich liquide. Wenn Sie jedoch einen Screener nutzen, um alle möglichen Märkte, Ausübungspreise und Verfallstage zu berücksichtigen, kann sich die Liquidität selbst bei den liquidesten Basiswerten dramatisch ändern. Daher ist es in einem Screening-Konzept von größter Wichtigkeit, sich strikt auf die Liquidität zu konzentrieren. Es gibt viele leistungsstarke Strategien mit unglaublich geringer Liquidität, und Ihr Ziel sollte sein, stets maximale Renditen zu finden und gleichzeitig eine ausreichende Liquidität für Ihre Trades sicherzustellen.

Nur weil wir einen Trade schon einmal durchgeführt haben, heißt das nicht, dass es sicher ist, es wieder zu tun. Denken Sie an Äsops Fabel vom Fuchs und dem Löwen:

> ***Der Fuchs und der Löwe***
> *Ein sehr junger Fuchs, der noch nie einen Löwen gesehen hatte, traf im Wald zufällig auf einen. Ein einziger Blick*

genügte, um den Fuchs mit Höchstgeschwindigkeit in das nächste Versteck zu treiben.

Als der Fuchs den Löwen zum zweiten Mal sah, blieb er hinter einem Baum stehen und betrachtete ihn einen Moment, bevor er sich davonschlich.

Aber beim dritten Mal ging der Fuchs mutig auf den Löwen zu und sagte, ohne mit der Wimper zu zucken: „Hallo, alter Knabe."

Moral: Vertrautheit führt zu Nachlässigkeit. Die Vertrautheit mit dem Bösen macht uns blind für seine Gefahren.

Abbildung 6.1 zeigt einen einfachen Screener nur für die drei in diesem Buch behandelten Basiswerte: SPY, GLD und TLT. Wir gehen davon aus, dass jeder Spread ein Risiko von 100 Basispunkten umfasst und beschränken uns aus Darstellungsgründen auf die 20 besten Spreads, in diesem Fall sortiert nach der Spalte „Erwartete Rendite"*. Wir haben zudem alle Spreads mit einer Spread-Breite von weniger als drei Prozent herausgefiltert, um das Spektrum der engen Spreads zu beschneiden, von denen wir wissen, dass sie sehr hohe mittlere Verluste haben werden (die wir aufgrund unserer Risikopräferenzen bisher gemieden haben).

Wir nutzen dieses Tool, indem wir jede Zeile von oben nach unten durchgehen und nach dem ersten Spread für einen bestimmten Basiswert suchen, der unserem Risikoprofil entspricht, welches wir für unseren Trade festgelegt haben. Nehmen wir an, Sie sind damit einverstanden, mit dem in diesem Buch beschriebenen Risikoprofil zu handeln, das heißt mit Gewinnraten nahe 95 Prozent und mittleren Verlusten unter 45 Basispunkten. Sie wählen die Zeile mit der höchsten erwarteten Rendite, die diesen Kriterien für den zurückliegenden 1-Jahres-Zeitraum entspricht. Die Spalten 4 und 5 enthalten die Daten zu Gewinnraten beziehungsweise mittleren Verlusten.

* Erwartete Rendite = Gewinnrate * aktuelle Prämie - (1 - Gewinnrate) * mittlerer Verlust.

Abbildung 6.1 Optionen-Screener, Risiko 100 Basispunkte, minimale Spread-Breite von 2 %

	Namen	Erwartete Rendite (BPS)	Aktuelle Prämie (BPS)	Einjährige Gewinnrate (%)	Einjähriger mittlerer Verlust (BPS)	Bid-Ask-Spanne (%)
1	2W 108,0-105,0 TLT Call Spread	1,94	3,81	94,00	-27,38	3,45
2	2W 110,0-106,0 TLT Call Spread	1,75	2,30	97,96	-24,94	2,04
3	2W 110,0-107,0 TLT Call Spread	1,74	1,87	97,96	-4,55	1,35
4	2W 110,0-105,0 TLT Call Spread	1,69	2,88	93,88	-16,50	2,67
5	2W 109,0-106,0 TLT Call Spread	1,69	2,39	98,00	-32,63	2,04
6	2W 109,0-105,0 TLT Call Spread	1,67	3,09	94,00	-20,58	2,83
7	2W 93,0-96,0 SPY Put Spread	0,51	0,81	98,00	-14,26	0,74
8	2W 92,0-96,0 SPY Put Spread	0,49	0,69	98,00	-9,16	0,64
9	2W 92,0-95,0 GLD Put Spread	0,48	0,59	98,00	-4,68	0,33
10	2W 91,0-96,0 SPY Put Spread	0,48	0,63	98,00	-7,02	0,59
11	2W 92,0-96,0 GLD Put Spread	0,44	0,82	98,00	-18,22	0,63
12	2W 90,0-96,0 SPY Put Spread	0,43	0,55	98,00	-5,66	0,52
13	2W 89,0-96,0 SPY Put Spread	0,41	0,52	98,00	-4,71	0,49
14	2W 93,0-96,0 GLD Put Spread	0,39	0,93	98,00	-25,70	0,67
15	2W 88,0-96,0 SPY Put Spread	0,39	0,48	98,00	-4,04	0,45
16	2W 90,0-95,0 GLD Put Spread	0,38	0,45	97,96	-3,12	0,30
17	2W 87,0-96,0 SPY Put Spread	0,37	0,44	98,00	-3,41	0,42
18	2W 90,0-96,0 GLD Put Spread	0,36	0,63	97,96	-12,74	0,50
19	2W 91,0-95,0 GLD Put Spread	0,36	0,44	98,00	-3,74	0,25
20	2W 91,0-96,0 GLD Put Spread	0,34	0,65	98,00	-14,99	0,50

Betrachtet man beispielsweise SPY-Puts, so befindet sich der Spread mit der höchsten erwarteten Rendite in Zeile 7. Seine 1-Jahres-Gewinnrate liegt bei 98 Prozent und er verzeichnet in diesem Zeitraum einen mittleren Verlust von 14 Basispunkten. Damit ist unser Kriterium hohe Gewinnrate/geringes Tail-Risiko absolut erfüllt, sodass wir hier aufhören können. Wenn Sie differenzierter vorgehen wollen, können Sie die Liste weiter abarbeiten und prüfen, ob Spreads, die weniger Geld einbringen, aus Risikosicht interessanter sind. Beispielsweise befindet sich der nächste SPY-Trade in Zeile 8, wo die erwartete Rendite nur um 0,02 Basispunkte (von 0,51 Basispunkten auf 0,49 Basispunkte) gesunken ist, während die Gewinnrate gleich geblieben ist und der mittlere Verlust von 14 Basispunkten auf neun

Basispunkte gesunken ist. In diesem Fall würden wir auf jeden Fall eher den Spread in Zeile 8 als den in Zeile 7 verkaufen, da sich die erwartete Rendite kaum verändert hat, während der mittlere Verlust deutlich gesunken ist.

Sehen wir uns nun Zeile 10 an. Auch hier zeigt sich das gleiche Muster: ähnliche erwartete Rendite, aber geringerer mittlerer Verlust. Der Unterschied zwischen den einzelnen Zeilen besteht darin, dass der Spread immer breiter wird. Das ist genau der Grund, warum wir bei der Auswahl unserer Haupt-Ausübungspreise in Kapitel 3 breitere Spreads bevorzugt haben: Das Risiko, den gesamten Spread schnell zu durchbrechen, ist geringer, wodurch der mittlere Verlust minimiert wird.

Eine wichtige Frage in dieser Phase ist: „Was ist eine ausreichende erwartete Rendite, um einen Trade einzugehen?“ Sind die gerade diskutierten 50 Basispunkte für SPY Put Spreads interessant genug, um zu handeln? Hier gibt es mehrere Dinge zu beachten. Abbildung 5.2 ist ein guter Ausgangspunkt für die Beantwortung dieser Frage. Wenn die in Abbildung 6.1 berechneten erwarteten Renditen deutlich unter den längerfristigen Erwartungen von Abbildung 5.2 liegen, sollten Sie erwägen, hier keinen Trade einzugehen. Die Antwort hängt auch davon ab, welche anderen Möglichkeiten es gibt. Wenn es keine anderen, wesentlich attraktiveren Möglichkeiten auf dem breiteren Markt gibt, dann müssen Sie möglicherweise offener für einen Basiswert sein, bei dem die aktuellen Renditeerwartungen unter Ihren historisch bedingten Erwartungen liegen. Leider gilt für die meisten Anleger nach wie vor die viel geschmähte Aussage von Charles Prince, dem Interims-CEO der Citibank, vor der Hypothekenkrise 2007: „Solange die Musik spielt, muss man aufstehen und tanzen.“

Abschließend weisen wir darauf hin, dass das Screening tatsächlich wesentlich komplexer sein kann. Bei unserer Arbeit für Simplify Asset Management verwenden wir etwa 20 weitere Filter in unserem Screening-Tool. Wir berücksichtigen Faktoren wie die Performance der letzten fünf Tage, um sicherzustellen, dass wir keinen Trade eingehen, der sich ernsthaft gegen uns wenden kann (aufbauend auf dem in Kapitel 4 besprochenen Effekt der Rückkehr zum Mittelwert). Wir berücksichtigen auch kürzere Rückblicke für unsere erwarteten Renditen (und alle zugrunde liegenden Daten), um noch detailliertere Einsichten in die Entwicklung der einzelnen Märkte zu erhalten. Mit zunehmender Erfahrung werden Sie sicherlich auch fortschrittlichere Screening-Parameter für sich selbst in Betracht ziehen.

Trading

Nun, da wir entschieden haben, welche Spreads wir in dieser Woche in unserem Portfolio verkaufen möchten, sind wir bereit für das Trading. In unserer beruflichen Eigenschaft handeln wir mit vielen verschiedenen Brokern; ein hervorragender Broker, den wir nutzen und der auch für Privatanleger zugänglich ist, ist Interactive Brokers (IB). Wir werden den Trading-Workflow anhand von Screenshots aus der IB-Trading-Plattform „Trader Workstation" vorstellen. Es gibt viele andere gute Plattformen für den Handel mit Optionen, aber ein wichtiger Punkt, der bei IB hervorsticht und den wir unseren Lesern ans Herz legen möchten, ist die Fähigkeit, Sie auf dem Weg vom Anfänger bis zum Vollprofi zu begleiten. Es gibt nicht viele andere Broker, die sowohl die kleinsten Privatanleger als auch die größten Investmentmanager betreuen. Unabhängig davon, welchen Broker Sie nutzen, ist der Workflow für das Trading mit Optionen einheitlich, sodass der jetzt von uns vorgestellte Prozess auf jede Trading-Plattform angewendet werden kann.

Um einen Spread über IB zu verkaufen, öffnen Sie zunächst das Fenster „Order Entry" (Auftragseingabe). Hier werden Sie acht Schritte durchlaufen, die in Abbildung 6.2 mit 1-8 gekennzeichnet sind. Lassen Sie uns nun jeden Schritt erläutern.

Abbildung 6.2 Auftragseingabe

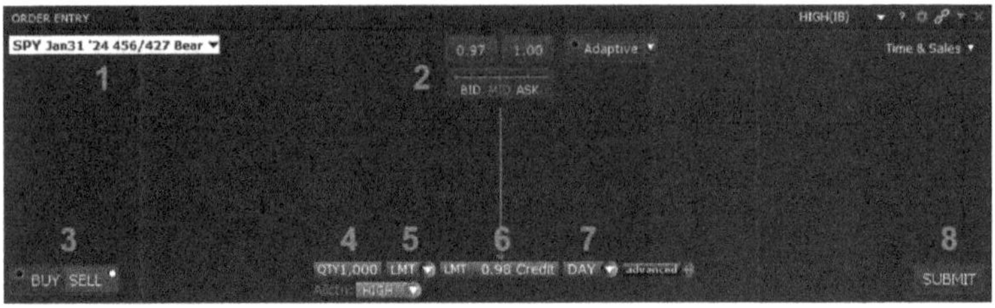

1. **Contract (Kontrakt).** Hier geben wir den genauen Spread an, den wir verkaufen wollen: Basiswert, Ausübungspreise, Verfall. Wir haben unsere Optionsausübungspreise immer in Moneyness-Begriffen formuliert, aber um diese Formulierung in ausführbare Trades umzuwandeln, müssen Sie die Moneyness in den tatsächlichen Ausübungspreis umrechnen. Wenn Sie zum Beispiel eine mit einer Moneyness von 95 ausgestattete Option auf SPY, der derzeit bei 500 Dollar gehandelt wird, verkaufen möchten, beträgt der Ausübungspreis 0,95 * 500 Dollar = 475 Dollar.
2. **Price (Preis).** Hier wird der aktuelle Preis des Spreads angegeben. Er zeigt uns den „**Bid**“ (Geldkurs), den höchsten Preis, zu dem jemand derzeit bereit ist, den Spread zu kaufen, und den „**Ask**“ (Briefkurs), den niedrigsten Preis, zu dem jemand bereit ist, den Spread zu verkaufen. Wir werden immer versuchen, zum „**Mid**“ auszuführen, das heißt zum Mittelwert zwischen dem Geld- und dem Briefkurs. Mehr dazu in Kürze.
3. **Side (Seite).** Hier geben wir an, dass wir den Spread verkaufen und nicht kaufen.
4. **Quantity (Menge).** Hier geben wir an, wie viele Optionskontrakte wir verkaufen möchten. Optionen haben einen Multiplikator (in der Regel entspricht ein Kontrakt 100 Aktien des zugrunde liegenden Wertpapiers). Bei einem Optionspreis von einem Dollar und dem Verkauf eines Kontrakts nehmen Sie also 100

Dollar und nicht einen Dollar ein. Ein klassischer Anfängerfehler besteht darin, 100 Optionskontrakte zu verkaufen, obwohl man eigentlich nur einen verkaufen wollte. Diese Art von Fehler würde im Fenster der Auftragsbestätigung angezeigt werden, bei dem man 10.000 Dollar statt 100 Dollar einnehmen würde. Wir werden diese Phase des Trading-Prozesses in Kürze besprechen.

5. **Order Type (Auftragsart).** Es gibt viele Arten von Aufträgen, die Trader verwenden. Die beiden häufigsten Auftragsarten sind Market- und Limit-Orders. Ihre **Market-Order (Marktauftrag)** wird zu jedem verfügbaren Preis ausgeführt, ohne dass Sie Einfluss darauf haben, welcher Preis das sein könnte. Wenn Sie zum Beispiel einen einzelnen Kontrakt mit einer **Market-Order** kaufen, wird dieser wahrscheinlich zum Briefkurs ausgeführt. Dieser kann jedoch, wenn die Bid-Ask-Spanne groß ist, weit vom Mittelwert entfernt sein. Oder wenn Sie eine große Menge kaufen möchten, kann es sein, dass hinter dem Briefkurs, der Ihnen angezeigt wird, nicht genügend Kontrakte stehen, sodass Ihr Auftrag nur teilweise ausgeführt wird, bevor Sie zum nächsten Angebot gehen. Und es kann noch manch anderes passieren. Sie wissen nicht, wo Ihr endgültiger Preis für die Orderausführung liegen wird.

   Aus diesem Grund verwenden wir immer **Limit-Orders (Limitauftrag)**, bei denen ein bestimmter Preis, der sogenannte **Limitpreis**, das maximale (minimale) Niveau ist, zu dem wir bereit sind, zu kaufen (verkaufen). Wir empfehlen, diesen Preis als Mittelwert festzulegen und die Marktentwicklung abzuwarten. Auf diese Weise haben Sie die volle Kontrolle über Ihren Preis für die Orderausführung, ohne dass es zu Überraschungen kommt. Denken Sie daran, dass Sie jetzt die Versicherungsgesellschaft sind und über den Luxus verfügen, die Risiken, die Sie eingehen wollen, selbst zu bestimmen. Mehr dazu in Kürze.

6. **Limit Price (Limitpreis).** Hier legen wir den Limitpreis für unseren Auftrag fest.
7. **Time in Force (Gültigkeitsdauer).** Aufträge können an den Markt gesendet werden, um nur für heute gültig zu sein (DAY) oder bis der Trader sie storniert, bekannt als „Good Til Canceled" (GTC). Wir empfehlen die Verwendung der DAY-Gültigkeitsdauer, um sicherzustellen, dass der Auftrag nicht versehentlich über Nacht offen bleibt und dann eine große Marktbewegung dazu führen könnte, dass Ihre Limit-Order zu einem Preis ausgeführt wird, der für Sie nicht mehr attraktiv ist.
8. **Submit (Übermitteln).** Auf diese Schaltfläche klicken Sie, wenn Sie Ihren Trade vollständig spezifiziert haben. Nach dem Anklicken wird in der Regel eine Auftragsbestätigungsseite angezeigt, auf der Sie den Trade noch einmal überprüfen können, bevor Sie ihn an den Markt übermitteln.

Abbildung 6.3 zeigt die Auftragsbestätigungsseite von IB. Sie werden feststellen, dass die konkreten Optionen, die Sie handeln möchten, die Mengen, die Auftragsart, der Limitpreis und die Gültigkeitsdauer zur Überprüfung aufgelistet sind. Neben „Amount" (Betrag) sehen Sie auch, wie viel Prämie Sie erhalten werden. An dieser Stelle können Sie am besten sicherstellen, dass Sie keinen 100-fachen Fehler gemacht haben, weil Sie den Multiplikator vergessen haben. Dies ist außerdem ein guter Zeitpunkt, um sich zu vergewissern, dass Ihr Limitpreis im Verhältnis zu den letzten Geld- und Briefkursen, die oben im Fenster angezeigt werden, korrekt gesetzt ist. Sie werden feststellen, dass sich in den wenigen Sekunden, die wir von der Auftragseingabe in Abbildung 6.2 bis zum Bestätigungsfenster in Abbildung 6.3 gebraucht haben, das Bid-Ask-Verhältnis leicht zu unseren Gunsten verschoben hat. Da der Geldkurs um einen Cent gestiegen ist, könnten wir versuchen, unseren Limitpreis auf 0,99 Dollar statt auf die ursprünglichen 0,98 Dollar zu erhöhen, wenn wir bereit sind, geduldig zu sein und die Marktentwicklung abzuwarten. Anderenfalls, wenn wir einfach nur den Trade abschließen wollen, könnten wir unseren Limitpreis bei den ursprünglichen 0,98 Dollar belassen.

Abbildung 6.3 Auftragsbestätigung

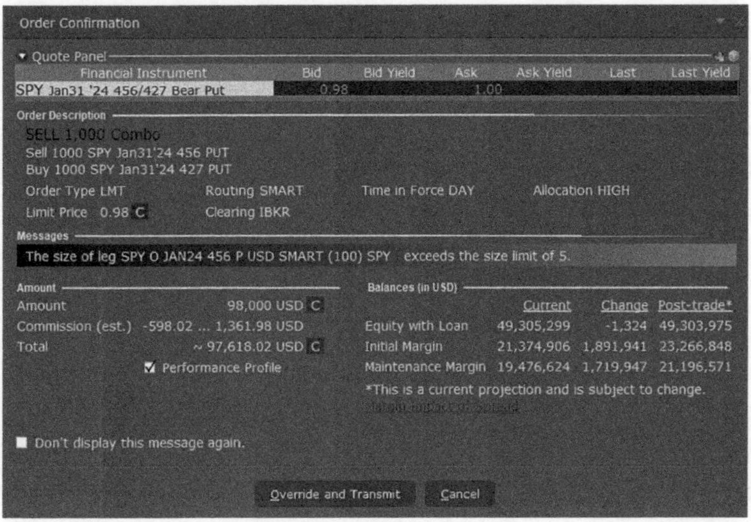

In Abbildung 6.3 ist eine weitere wichtige Information dargestellt – die „Margin" (Einschuss), die Sie für Ihre Trades benötigen. Jedes Mal, wenn ein Trader etwas verkauft, das ihm nicht gehört, oder wenn er mehr kaufen will, als er mit seinen verfügbaren Bareinlagen bezahlen kann, benötigt er ein Margin-Konto. Für Sie als Optionsverkäufer ist es wichtig zu wissen, ob Ihre Margin-Anforderung die Bareinlagen auf dem Konto übersteigt. Wenn dies der Fall ist, werden Ihnen für den Überschuss Zinsen in Rechnung gestellt, da er als ein Darlehen des Brokers angesehen wird. Bei einem standardmäßigen Reg-T-Konto (gemäß der US Federal Regulation T) darf die Portfolio-Margin für Trades, die über Nacht gehalten werden, das Doppelte der hinterlegten Bareinlagen betragen.

Wie Sie in Abbildung 6.3 sehen können, gibt es zwei verschiedene Arten von Margins. Die **„Initial Margin"** (**Ersteinschuss**) ist der Betrag, der am ersten Tag des Trades auf Ihrem Konto benötigt wird, während die **„Maintenance Margin"** (**Mindesteinschuss**) der Betrag ist, der auf Ihrem Konto benötigt wird, nachdem der Trade abgeschlossen wurde. Wenn Sie darauf bedacht sind, ständige Zinsaufwendungen zu vermeiden, werden Sie sich darauf konzentrieren, eine Margin aufrechtzuerhalten, die niedriger als Ihre Bareinlagen ist. Wenn Sie wissen wollen, ob Sie mit Ihren Bareinlagen und der verfügbaren Margin einen Trade abschließen können oder nicht, werden Sie überprüfen, ob Ihr Konto noch über genügend Spielraum für die Initial Margin des neuen Trades verfügt.

Das hier gezeigte Portfolio verfügt über Bareinlagen von etwas mehr als 49 Millionen Dollar. (Dies ist aus Abbildung 6.3 nicht ersichtlich, da nur die kombinierte Kennzahl „Equity with Loan" – Eigenkapital mit Darlehen – angegeben wird; Sie müssen sich also auf unsere Angabe verlassen.) In diesem Beispiel erfordert der übermittelte Trade eine Initial Margin von 1,9 Millionen Dollar, sodass wir genügend Spielraum haben, um den aktuellen Trade und nachfolgende Trades auszuführen. Und aus Sicht der Maintenance Margin haben wir immer noch reichlich Spielraum, um danach weitere Trades zu tätigen, ohne dass Zinsaufwendungen anfallen (es sind 49,3 Millionen Dollar - 21,2 Millionen Dollar = 28,1 Millionen Dollar an Bareinlagen für die Margin nach dem Trade verfügbar).

Ein Vorteil des Verkaufs von Spreads mit gedeckeltem Risiko ist, dass die für einen Trade erforderliche Margin in der Regel etwa die Hälfte des maximal möglichen Verlusts aus dem Trade beträgt. In diesem Fall haben wir 1.000 Kontrakte eines Spreads verkauft, der 29 Dollar (456 Dollar - 427 Dollar) verlieren könnte, sodass unser Maximalverlust 1.000 * 100 * 29 Dollar = 2,9 Millionen Dollar beträgt. Sie sehen, dass IB nur etwa 60 Prozent dieses Betrags als Maintenance Margin verlangt (1,7 Millionen/2,9 Millionen). Angesichts dieser niedrigen Margin-Anforderung stellen wir fest, dass Sie attraktive Renditen erzielen können, ohne jemals auf die über Ihre Bareinlagen hinausgehende Margin zugreifen zu müssen, und somit jeglichen Zinsaufwand vermeiden.

Sie haben vielleicht bemerkt, dass in Abbildung 6.3 ein Kästchen mit der Bezeichnung „Performance Profile" (Leistungsprofil) angekreuzt ist. Dadurch wird ein neues Fenster geöffnet, wie in Abbildung 6.4 dargestellt. Dies ist ein weiterer Dialog, der uns helfen kann, sicherzustellen, dass der Trade wie beabsichtigt übermittelt wird. Hier können wir noch einmal bestätigen, dass unsere Ausübungspreise korrekt gesetzt sind und die potenzielle Auszahlung wie erwartet ist. (Im speziellen Fall von Abbildung 6.4 endet die Preisachse bei 430 Dollar, sodass Sie nicht die vollständige Auszahlung bei gedeckeltem Risiko sehen können.) Wir können auch überprüfen, ob unser Trading-Volumen angemessen ist, indem wir Datenpunkte wie „Max Loss" (Maximalverlust) überprüfen.

Abbildung 6.4 Auszahlungsprofil

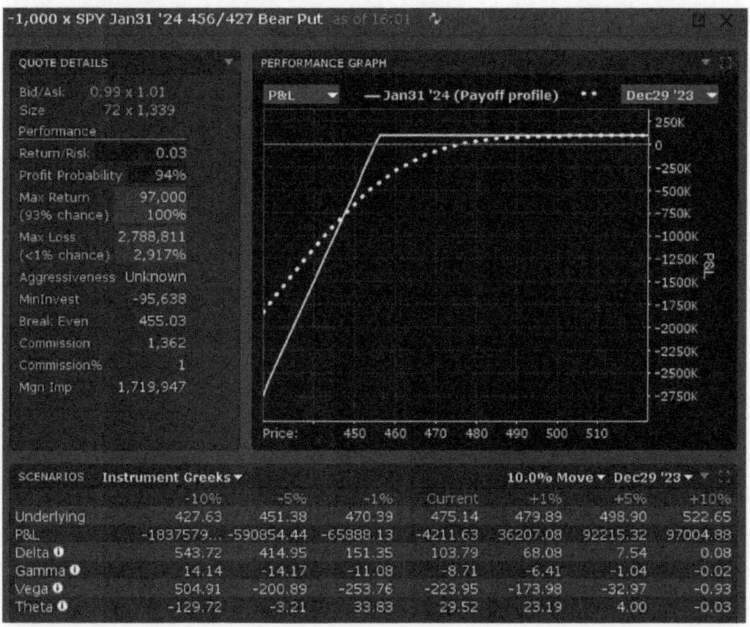

Das letzte erwähnenswerte IB-Tool ist das Fenster zur Markttiefe, das in Abbildung 6.5 dargestellt ist. Sie erinnern sich, dass wir bereits die Probleme von Market-Orders mit größerem Auftragsumfang erwähnt haben. Wenn Sie Zugang zur Markttiefe haben, können Sie dieses Thema viel differenzierter angehen. Dieses Tool zeigt Ihnen, wie viele Kontrakte zu jedem Preis zum Kauf oder Verkauf angeboten werden. In Abbildung 6.5 sind der höchste Bid- und der niedrigste Ask-Wert weiß umrandet. Es handelt sich dabei um die Geld- und Briefkurse, die bereits in den Feldern für Geld- und Briefkurse in den Abbildungen 6.2 und 6.3 angezeigt wurden, aber jetzt sehen wir, wie viele Kontrakte sich dahinter befinden (und an welcher Börse sie gehandelt werden, was für uns hier nicht so wichtig ist), zumindest in den öffentlich angezeigten „Lit-Märkten". Im Gegensatz dazu zeigen „Dark Pools" nicht die Preise an, zu denen ein Käufer oder Verkäufer bereit ist zu handeln, sodass ihre Liquidität in Diagrammen zur Markttiefe nicht ersichtlich ist. Wir können nun auch die Preisniveaus erkennen, auf die wir (als Verkäufer) herunter- oder (als Käufer) hinaufgehen müssen, um unser volles Trading-Volumen auszuführen.

Bevor wir unsere Trading-Erläuterungen beenden, müssen wir uns noch damit auseinandersetzen, wie das in Kapitel 4 besprochene Stop-Loss-System ausgeführt werden sollte. Bei Tradern, die sich auf lineare Instrumente (Instrumente ohne nicht lineare, optionsähnliche Auszahlung) wie Aktien, Futures und Anleihen konzentrieren, werden Stop-Losses häufig als GTC-Auftrag unmittelbar nach dem ursprünglichen Abschluss des Trades erteilt. Angesichts der nicht linearen Natur von Optionen können wir uns jedoch nicht auf dauerhafte Limit-Orders verlassen. Der Grund dafür ist, dass sich die Optionspreise aufgrund ihrer Nichtlinearität oft in großen Sprüngen bewegen und dabei möglicherweise ein konkretes Stopp-Niveau übersprungen wird. Außerdem kann die Liquidität bei Optionen, die sich schnell bewegen, vorübergehend versiegen, was sich erheblich darauf auswirken würde, wie viele Kontrakte im Rahmen unseres Auftrags ausgeführt werden.

Aus diesem Grund sollten die in Kapitel 4 beschriebenen Stop-Loss-Verfahren in Echtzeit und nicht als voreingestellter Dauerauftrag ausgeführt werden. Sobald Ihr Stop-Loss-Preis erreicht ist, sollten Sie eine Limit-Order ausführen, um den Trade zu schließen.

Abbildung 6.5 Markttiefe

Die ersten sechs Monate

Das Erste, was Sie als neuer Trader tun müssen, ist, sich bei einem guten Broker anzumelden. Der Broker sollte ein etabliertes Unternehmen sein, sodass Sie sich keine Sorgen machen müssen, eines Tages aufzuwachen und festzustellen, dass das Unternehmen den Betrieb eingestellt hat. Außerdem sollte der Broker niedrige Provisionen verlangen (sagen wir mal weniger als einen Dollar pro Kontrakt) und interessante Trading- und Analyse-Tools anbieten, wie zum Beispiel das Schaubild zur Markttiefe und die Auszahlungsprofile, die wir weiter vorn erläutert haben. Und wenn Sie vorhaben, eine Margin zu nutzen, sollte das Unternehmen akzeptable Sollzinsen in Rechnung stellen. Wir würden IB als eine gute Ausgangsbasis empfehlen, da dieser Broker alle oben genannten Kriterien erfüllt. Darüber hinaus ist IB eine Plattform, die sich mit Ihnen weiterentwickeln kann – von Ihrem ersten Einzeltrade bis zu dem Moment, an dem Sie möglicherweise den größten Hedgefonds an der Wall Street managen –, da sie sowohl Privatkunden als auch einige der größten Asset-Management-Firmen betreut.

Als Nächstes müssen Sie entscheiden, wie viel Geld Sie auf Ihr Konto einzahlen. Der wichtigste Ratschlag lautet hier: Legen Sie auf diesem Konto nur Geld an, das Sie nicht vermissen würden, wenn es morgen verloren ginge. Wir sagen das vor allem deshalb, weil wir nicht wollen, dass sich dieses Unterfangen für Sie (oder Ihre Lebenspartnerin oder Ihren Lebenspartner) zu einer stressigen Angelegenheit entwickelt – der Einsatz von Geldbeträgen, die Sie für Ihren Alltag dringend benötigen, kann zu ernsthaftem Stress führen. Außerdem wissen Sie erst dann, wenn Sie live handeln, ob Sie die in diesem Buch beschriebenen Risikomanagement-Instrumente einsetzen werden. Es besteht das Risiko, dass Ihre Emotionen in diese Strategie einfließen – und das könnte zu katastrophalen Ergebnissen führen.

Sobald Ihr Konto gedeckt ist, empfehlen wir Ihnen, zuerst einen Test-Trade mit einem Einzelkontrakt über einen der Spreads durchzuführen, die beim Screening gut abgeschnitten haben. Mit diesem einfachen Trade können Sie sich an den Trading-Ablauf gewöhnen und herausfinden, wie sich der Handel mit Limit-Orders anfühlt. Wenn Sie den Mittelwert als Limitpreis ansetzen, wird Ihr Auftrag möglicherweise nicht ausgeführt. Je mehr Sie den Verkaufspreis in Richtung des Geldkurses verschieben, desto höher ist die Wahrscheinlichkeit, dass der Auftrag ausgeführt wird. Wo Sie Ihren Auftrag innerhalb der Bid-Ask-Spanne platzieren, hängt also davon ab, wie aggressiv Sie den Trade verfolgen wollen. Der Prozess rund um die Eingabe und Verwaltung von Limit-Orders während der Auf- und Abwärtsbewegungen des Marktes wird zu einer Kernkompetenz in diesem Unterfangen werden. Sie sollten sich daher zunächst mit Einzelkontrakt-Spreads an diesen Prozess herantasten.

Sobald diese Position geschlossen ist, können Sie sich etwas Zeit nehmen, um die realisierte Rendite zu bewerten, wobei Sie sicherstellen sollten, dass Sie alles verstehen, was Ihr Broker Ihnen berichtet, einschließlich aller Provisionen und etwaiger Zinsen, die auf Ihre Margin erhoben werden (bei einem Trade dieser Größenordnung sollte diese allerdings null sein).

Nun, da die Voraussetzungen geschaffen sind und wir unseren grundlegenden Trading-Prozess verinnerlicht haben, ist es an der Zeit, einen weiteren einzelnen Spread-Trade, diesmal in größerem Umfang, einzugehen. In dieser Phase Ihrer Reise geht es darum, Ihre Emotionen während des Trades zu überwachen. Auch wenn Ihnen der in diesem Buch beschriebene systematische Ansatz besonders gefallen haben sollte, können Ihre Emotionen die Oberhand gewinnen, wenn es um echte Dollar geht. Vielleicht stellen Sie fest, dass die ATM-Stop-Losses für Sie zu locker gesetzt wurden, und Sie geraten in Stress, lange bevor der Basiswert Ihren Verkaufsausübungspreis erreicht. Oder Sie stellen fest, dass das Risiko-Ertrags-Verhältnis der von uns gewählten Ausübungspreise für Ihren Geschmack zu stark im Ungleichgewicht ist (wenn Sie zum Beispiel nur ein paar Basispunkte einnehmen, aber 100 Basispunkte riskieren, fühlt sich das nicht richtig an). Vielleicht stellen Sie sogar fest, dass der Verkauf von Optionen mit Risikodeckelung in keiner Konstellation zu Ihrer Persönlichkeit passt – was nicht ungewöhnlich wäre. Dies ist die differenzierteste und entscheidendste Phase Ihrer Reise. Sie sollten zum jetzigen Zeitpunkt die Hauptkapitel dieses Buchs noch einmal lesen und andere mögliche Ausübungspreis-Kombinationen oder Risikomanagement-Techniken in Betracht ziehen, um die Strategie an Ihre persönlichen Präferenzen anzupassen. Sobald Sie diese Phase der Reise hinter sich gebracht haben, sind Sie bereit, auf eine Reihe von Basiswerten zu setzen und mit dem Aufbau Ihres diversifizierten Portfolios zu beginnen.

Vorsicht vor Abtretungen

Wie in Kapitel 2 erwähnt, sind ETF-Optionen „amerikanisch", das heißt, sie können jederzeit vor dem Verfallstag ausgeübt werden. Daher besteht die Möglichkeit, dass, wenn wir eine Option, die ITM wird, verkaufen, der Käufer der Call- beziehungsweise Put-Option sein Recht ausüben könnte, das Wertpapier vorzeitig von/an uns zu kaufen/verkaufen, und die Option an uns als Verkäufer „abgetreten" wird.

Ein Beispiel: Wir haben eine Call-Option verkauft, der Aktienkurs steigt deutlich an und die Option wird vorzeitig an uns abgetreten. Wir wären dann verpflichtet, die entsprechende Anzahl von Aktien zum Ausübungspreis an den Käufer der Call-Option zu verkaufen. Leider verfügen wir bei der in diesem Buch beschriebenen Strategie noch nicht über die zu verkaufenden Aktien. Wir müssten sie erst kaufen, bevor wir sie liefern könnten. Da wir in der Regel mehr Optionen verkaufen, als wir decken könnten, wenn wir die entsprechende Anzahl der durch unsere Optionen repräsentierten Aktien kaufen würden, haben wir höchstwahrscheinlich nicht genug Barmittel, um die Aktien auf dem Markt zu kaufen.

Bringen wir es auf den Punkt: Sie wollen nicht, dass so etwas geschieht. In diesem Szenario würde Ihr Broker wahrscheinlich Ihr Portfolio ohne Vorwarnung liquidieren. Sobald er sieht, dass Sie nicht über genügend Margin verfügen, um die notwendigen Aktienkäufe zu tätigen, wird er sich selbst schützen. Zum Glück ist die Liquidation nicht das Ende der Welt, aber Sie sind dann nicht mehr derjenige, der das Trading auf Ihrem Konto betreibt. Und der Broker hat in der Regel das Recht, auch Bestände zu liquidieren, die nicht mit der Abtretung in Zusammenhang stehen. Das kann dazu führen, dass mehrere Positionen zu Preisen geschlossen werden, auf die Sie keinen Einfluss haben.

Glücklicherweise lässt sich dies ganz einfach vermeiden: Halten Sie Short-Optionspositionen nicht über den ATM-Stop-Loss-Punkt hinaus! Es besteht keinerlei Risiko, dass eine Option an Sie abgetreten wird, wenn sie OTM ist. Bevor also ein verkaufter Call oder Put ITM wird, sollten Sie die Position schließen, wie in Kapitel 4 beschrieben. Auch dies ist problemlos möglich, wenn Sie einem der in Kapitel 4 besprochenen Stop-Loss-Systeme folgen, das Ihre Position zu Preisen schließt, bei denen Ihre Option noch nicht im Geld ist.

Verhaltensmuster von Verkäufern

Wir haben die Leser dieses Buchs dazu ermutigt, Optionen zu verkaufen, und zwar aufgrund einiger wichtiger Verhaltensmuster, die diese Seite des Trades profitabel machen. Aber auch hier gibt es Neigungen, über die wir uns im Klaren sein müssen. Als Strategen können wir zahlreichen Neigungen erliegen, die wir konsequent abwehren müssen. Schauen wir uns daher einige davon genauer an.

Bestätigungsfehler

Nach einer Reihe erfolgreicher Wetten sollten wir uns Gedanken über Bestätigungsfehler machen. Mit wachsendem Vertrauen in unseren Ansatz könnten wir unbewusst nach bestimmten Informationen suchen oder Marktdaten auf eine bestimmte Weise interpretieren, um unsere bestehenden Überzeugungen oder Strategien zu bestätigen, und dabei widersprüchliche Beweise ignorieren, die darauf hindeuten, dass wir unsere Einsätze reduzieren sollten oder dass wir einfach nur ein paar Mal Glück hatten. Um dieses Risiko auszuschalten, empfehlen wir stets einen ausgewogenen Ansatz bei der Informationsbeschaffung und -analyse. Es ist von entscheidender Bedeutung, eine Vielzahl von Quellen und Standpunkten zu konsultieren und offen für die Anpassung von Strategien als Reaktion auf neue Daten zu sein.

Ankereffekt/Aktualitätsverzerrung

Die Kehrseite des Bestätigungsfehlers ist der Ankereffekt beziehungsweise die Aktualitätsverzerrung, der beziehungsweise die auftritt, wenn sich Verkäufer bei ihren Entscheidungen über künftige Trades zu sehr auf die erste Information (zum Beispiel die Rendite des ersten Trades) oder die letzte Information (zum Beispiel die Rendite des letzten Trades) verlassen. Das größte Risiko bei Verkaufsstrategien, die auf Volatilität basieren, ist vergleichbar mit dem Marktmantra „Time in the market beats timing the market", das heißt, es ist besser, länger im Markt investiert zu sein, als zu versuchen, die richtigen Ein- und Ausstiegszeitpunkte zu finden. Mit anderen Worten: Der Verkauf von Optionen ist ein langsamer Weg zum Erfolg. Wenn wir uns an unsere Risikomanagement-Regeln halten, die auf objektiven Kriterien und nicht auf den jüngsten Ergebnissen beruhen, dürfte es uns gut ergehen. Gleichzeitig betonen wir, wie wichtig es ist, die Analysen ständig mit den neuesten Marktdaten zu aktualisieren. Es ist immer möglich, dass sich etwas Wesentliches geändert hat. Und im Zweifelsfall sollten Sie Ihre Einsätze reduzieren, nicht aber Ihre Strategien aufgeben.

Selbstüberschätzung

Schließlich kommt es zu einer Selbstüberschätzung, wenn die Verkäufer ihre Fähigkeit überbewerten, Marktbewegungen oder die Wirksamkeit ihrer Strategien vorherzusagen. Selbstüberschätzung kann dazu führen, dass übermäßige Risiken eingegangen werden oder die Notwendigkeit der Diversifizierung ignoriert wird. Das wichtigste Instrument zur Ausschaltung dieses Risikos ist ganz einfach Achtsamkeit. Wir ermutigen zum Backtesting und zur Verwendung historischer Daten, betonen aber, dass der Satz „Die vergangene Performance ist kein Indikator für künftige Ergebnisse" kein leeres Gerede ist. Wir können die zukünftige Verteilung möglicher Ergebnisse nicht kennen, und die Annahme, dass die Vergangenheit ein perfekter Leitfaden ist, setzt uns unnötigen Risiken aus. Wir betonen, wie wichtig die konsequente Anwendung von Risikomanagement-Techniken, zum Beispiel der Einsatz von Put Spreads anstelle des Verkaufs von kompletten Puts, und die Beibehaltung eines diversifizierten Portfolios ist.

Schlussworte

Im Mittelpunkt dieses Buchs stand die Frage, wie man mit Optionen auf eine Weise handeln kann, die eine hohe Erfolgswahrscheinlichkeit bietet und gleichzeitig das Risiko des Anlegers begrenzt. Es handelt sich nicht um einen abschließenden Text, der alle Möglichkeiten des Einsatzes von Optionen erörtert, aber wir hoffen, dass wir sowohl die Chancen als auch die vielen Gründe aufgezeigt haben, warum so viele Trader mit ihren persönlichen Erfahrungen im Optionshandel enttäuscht sind.

Optionen sind ein komplexes Thema und es gibt unzählige Möglichkeiten, sie zu nutzen, was die Lernkurve sehr steil, häufig sogar zu steil macht. Wir hoffen, den Lesern durch die Auswahl grundlegender Optionsstrategien, die von Fachleuten angewendet werden, eine anspruchsvolle Ausgangsbasis für eine lange und angenehme Reise im Optionshandel geliefert zu haben.

Es gibt so viel mehr über Optionen zu lernen als das, was in diesem Buch steht. Und mit den hier vorgestellten Strategien können Sie auch noch einiges mehr erreichen (zum Beispiel Einzelaktien-Spreads verkaufen, Timing-Mechanismen in Ihren Filtern verwenden und vieles mehr). Wir hoffen, dass Sie die Gelegenheit nutzen, weiter zu lernen und das, was wir in diesem Buch besprochen haben, zu verfeinern, um es an Ihre eigene Risikotoleranz und Ihre Anlageziele anzupassen. Wir wünschen Ihnen viel Erfolg auf diesem Weg! Für Fragen und Feedback können Sie uns gern über die sozialen Medien kontaktieren.

LITERATURVERZEICHNIS

Buffett (ohne Jahresangabe), *Billionaire Philosophy*, abrufbar unter www.youtube.com/channel/UCLqapM1Iyub9AspFCKA8m5Q

Gonzalez und Wu (1999), On the Shape of the Probability Weighting Function, *Cognitive Psychology*, S. 129-166.

Marshall, Prakash, J. und Medarametla (2023), *New Models for Asymmetric Investing*, Goldman Sachs.

de Silva, So und Smith (2023), Losing is Optional: Retail Option Trading and Expected Announcement Volaility, *SSRN*, S. 1-65.

368 Seiten,
gebunden,
24,90 [D] / 25,60 [A]
ISBN: 978-3-86470-716-2

Michael Sincere:
Keine Angst vor Optionen

Börsenprofi und Erfolgsautor Michael Sincere hat dieses Buch für alle geschrieben, die wissen und verstehen wollen, was es mit Optionen auf sich hat – und weshalb sie gerade in turbulenten Zeiten wie diesen einen genauen Blick wert sind! Sincere beginnt bei den Grundlagen und schreitet systematisch voran bis zur Erklärung komplexerer Strategien, die von Profis genutzt werden – alles anschaulich und nachvollziehbar. So vermittelt er Ihnen das Rüstzeug, um den Optionsmarkt zu verstehen. Und Angst vor Optionen? Die haben Sie nach der Lektüre garantiert nicht mehr!

Börsenbuch verlag

288 Seiten,
broschiert,
29,90 [D] / 30,70 [A]
ISBN: 978-3-86470-901-2

Julia Spina: Erfolgreich Optionen handeln

Viele Anleger halten nichts von Optionen und lassen daher die Finger von diesem Finanzinstrument. Die Finanzanalytikerin Julia Spina hat dieses Problem erkannt und schafft mit ihrem Buch durch einen leicht nachvollziehbaren strategischen Ansatz Abhilfe: Von den Grundlagen des Optionshandels bis hin zu Strategieaufbau und Portfoliomanagement führt sie auf wissenschaftlicher Basis durch die Welt der Optionen und deren Chancen und Risiken. So vermittelt sie die entscheidenden Techniken für ein nachhaltiges Investment in Optionen und die Grundlagen für langfristigen Anlageerfolg.